LEGADO

DE

AMOR

ELSA LUCÍA ARANGO E.

LEGADO DE AMOR

Comprender la muerte
para comprender la vida

Grijalbo

Legado de amor
© 2020, Elsa Lucía Arango E.

Primera edición en Penguin Random House Grupo Editorial: septiembre, 2020
Primera reimpresión: octubre, 2020

© 2020, de la presente edición en castellano para todo el mundo:
Penguin Random House Grupo Editorial, S. A. S.
Cra 7 No 75 – 51, piso 7, Bogotá – Colombia
PBX: (57-1) 743-0700
www.megustaleer.com.co

Diseño: Patricia Martínez Linares

ISBN: 978-958-5127-18-0

Compuesto en caracteres Inria Serif, Emberly y Morganite

Impreso en Colombia - *Printed in Colombia*

Impreso en TC impresores, S. A. S.

Este libro se ha inspirado en centenares de consultas de pacientes en duelo por la muerte de sus seres queridos. Estos seres con frecuencia acompañan desde el plano espiritual a sus familiares y amigos y les envían mensajes de amor, consuelo, gratitud y perdón. Por parte de sus familias acá en la Tierra, los mensajes que ellas les dan son los mismos: amor, gratitud y perdón. En ambos lados el deseo es el mismo: que el que está en el Cielo esté en paz, y este a su vez desea que el que está en la Tierra esté en paz.

Este libro lo dedico a todos ellos, a los pacientes que han venido a mi consulta a compartir su duelo conmigo y a sus seres queridos que en forma espiritual llegan a enseñar y consolar.

Mi gratitud para con todos es infinita ya que lo que aprendo de cada mensaje, de cada lágrima, de cada vínculo, es inconmensurable. Confío en que este libro, fruto de esos diálogos de los cuales soy mediadora, le sirva a todo aquel que desee hacer su revisión de vida antes de llegar al mundo del Cielo y pueda a tiempo decirles a su familia y amigos todo aquello que les va ser útil para procesar con sabiduría un duelo.

Elsa Lucía Arango E.

CONTENIDO

Prólogo

En la cultura occidental la muerte es un tema tabú sobre el cual muchas personas no quieren siquiera oír hablar. Se evade, cuando no se la considera como una enemiga usurpadora. Aunque de manera formal, al encontrarse forzadas a platicar sobre ella, recurren al lugar común de señalarla como la mayor realidad que enfrentamos los seres humanos a la cual todos arribaremos, pero en realidad se le aproximan con temor y gran frustración, no pocos con molestia.

En general, la muerte en nuestra cultura ha sido vista con recelo y miedo. Es la enemiga por vencer. En numerosas familias se evade el tema aun cuando en su seno se encuentren ante el hecho cierto de un moribundo a quien no saben cómo aproximarse, atender, comprender y ayudar. Al tiempo, el enfermo desconoce muchas veces la mejor manera de expresar sus inquietudes, sentimientos y deseos materiales, emocionales o espirituales, ante la realidad que vislumbra inminente. Entonces es mejor no mencionar la muerte y convivir como si su presencia no existiera.

Desde el principio de la historia, algunos han pretendido negarla al punto de soñar con la posibilidad de la inmortalidad del ser humano. Quizá, como una muestra del miedo que se le profesa a la muerte, el sueño por la perpetuidad se ha mencionado desde los sumerios y su epopeya de Gilgamesh, pasando por griegos y romanos que la invocaron en mitologías y fábulas. Pero en nuestra historia más reciente también se encuentran quienes mencionan la posibilidad de curar o matar la muerte para lograr dominarla; y entonces se habla de la singularidad, del Millenium Project y de la inteligencia artificial como posibilidades para realizarlo.

La mayoría de los profesionales de la salud no se escapa de tener una visión y resistencia semejantes a la que se encuentra de manera más generalizada en la población occidental. Con un factor adicional en ellos, que puede incrementar el sentimiento de frustración ante lo inevitable, porque han sido formados con la idea ilusoria que su misión se trata de salvar vidas. La muerte no es un tema que se analice y estudie en las aulas universitarias de la salud salvo para, supuestamente, preparar a sus alumnos en el esfuerzo por vencerla.

A pesar de que el ejercicio profesional estará enfrentado a la realidad de la muerte, a los futuros trabajadores del sector no se les instruye con elementos esenciales para convivir con ella, reconocerla como el hecho natural que representa, comprenderla como una compañera leal de viaje y aceptarla con humildad cuando la evidencia de su presencia es tal, que supera a la ciencia y a los adelantos tecnológicos desarrollados y aprendidos, aunque mucho se desee aferrarse a ellos.

En los últimos años se han fortalecido corrientes de pensamiento y de atención en servicios de salud con una visión distinta sobre la muerte. Se ha entendido cada vez mejor, que la forma errónea como nos acercamos a ella en Occidente causa más dolor y sufrimiento a las personas e, inclusive, incrementa los costos económicos para los sistemas de salud. Los cuidados paliativos se han convertido en una herramienta muy importante para llevar consuelo y alivio a los moribundos y a sus familias en el momento más trascendental de sus vidas.

Sin embargo, todavía se debe trabajar mucho más para que haya mayor comprensión y la visión sobre el cuidado paliativo supere la especie de sentencia que lo identifica como una atención para "cuando no se puede hacer nada más por el paciente". Por el contrario; el instante en el que la medicina convencional y la tecnología evidencian su incapacidad para mejorar las dolencias del enfermo y el equipo médico tratante se halla ante la imposibilidad de curarlo, es quizá el momento para trabajar con mayor énfasis y dedicación en aliviar el dolor físico, emocional y social que enfrenta la persona ante un padecimiento por el cual se intuye o se tiene la certeza que se halla en el trance final de su vida.

En el imaginario colectivo se mantiene la creencia que el objetivo del cuidado paliativo se limita a controlar el dolor físico; pero este se encuentra exacerbado en muchas ocasiones por los problemas emocionales que confronta, o no sabe confrontar el paciente y su entorno más cercano; como también por la dificultad que los paraliza para expresar sus sentimientos, despedirse, ofrecer disculpas, perdonar, dejar instrucciones o recordar con alegría y agradecimiento la vida compartida. Es aquí donde el cuidado paliativo acrecienta su valor y puede ampliar el horizonte de su acción para llevar sosiego y paz ante el dolor del desenlace.

Paralelo a lo anterior, filósofos, sociólogos, teólogos, antropólogos e historiadores, han estudiado cada vez con mayor detalle la relación del hombre con la muerte y en sus diversos escritos evidencian la necesidad de comprenderla y aceptarla como el hecho natural más importante de nuestra existencia. Además, el interés por ella se ha ampliado al sector de la salud y es notoria la creciente cantidad de literatura que proviene de médicos radicados en diversas latitudes del planeta, quienes desde experiencias personales y las derivadas del ejercicio de la profesión, se han interesado por conocerla más y entenderla mejor, para contribuir así a mitigar el dolor y el sufrimiento de sus confiados pacientes.

Esos profesionales de la salud, con sus investigaciones y análisis basados en la evidencia de sus experiencias proponen entender que todos somos mortales y vivimos una rueda en esta existencia que eventualmente nos conduce al mismo escenario de donde provenimos. Plantean la muerte como un nuevo amanecer a mundos invisibles y nos describen pruebas de la existencia de un lugar que llamamos Cielo con experiencias en él en medio de descripciones de su geografía. Presentan con estudios prospectivos certidumbres de una consciencia más allá de esta vida.

Para los escépticos, todas estas aseveraciones despiertan dudas y los argumentos de esos profesionales de la salud les pueden ser extraños y hasta molestos. En este mundo actual, tan sumergido en lo físico, lo tangible, lo manipulable y lo concreto; tan proclive al consumismo y al hedonismo, se necesita ser valiente y tener mucho carácter para difundir un conocimiento renovador que todavía no posee las métricas que las ciencias duras reclaman.

La ausencia de una explicación absoluta, apegada al método científico, no puede imponernos la premisa de desechar esa experiencia y ese conocimiento planteado por profesionales médicos serios, rigurosos y estudiosos; menos aun cuando es bien conocido que muchos de los grandes descubrimientos de la humanidad han surgido desde la fe o creencia casi ciega en una idea, unida a la observación metódica hasta que se corre la cortina y se devela el hallazgo.

Debemos considerar, por el contrario, que las revelaciones y testimonios de esos colegas de la salud nos deben estimular a profundizar en el estudio de temas tan fascinantes y trascendentes para la existencia del ser humano como son la muerte y la consciencia.

Elsa Lucía Arango, la autora del libro que usted tiene entre sus manos, es una de esas profesionales que menciono. Ella además agrega la bondad y la humildad al valor y a la coherencia que se requieren para presentar su experiencia y explicar la utilidad, así como el conocimiento aprendido por el don que la vida le asignó para cumplir la misión que está convencida tiene para su existencia.

Sus libros previos así lo atestiguan y en el presente avanza en la dirección de guiarnos sobre los aspectos muy pertinentes relacionados con La Conversación; la que debemos realizar con nosotros mismos y nuestros seres más queridos, para prepararnos con tranquilidad y sosiego a dar el paso que nos corresponde a todos.

De ello se trata este libro inspirado por una carta que le escribió una joven madre a su hija de más tierna edad, cuando partió por primera vez a un viaje y sus reflexiones la enfrentaban a las incertidumbres de que trata nuestra vida. De manera precavida, redactó el *legado de amor* que se escribe cuando se desean expresar los valores y las enseñanzas, los tesoros y los recuerdos, lo formal y lo informal, el perdón y la reconciliación, la gratitud, así como las voluntades finales con el convencimiento de que siempre perdura la conexión viva entre los seres que mantienen un amor que se encuentra más allá de cualquier condición.

Este libro nos estimula y nos enseña a no esperar hasta hallarnos frente al atafago de los preparativos de ese viaje o ante la inminencia de una grave enfermedad, para sentarnos a redactar el *legado de amor* a nuestros seres más próximos y queridos y expresarles nuestros sentimientos, pensamientos y deseos, en una voluntad anticipada que apacigüe el duelo y el sufrimiento de la partida.

Con lenguaje claro y sencillo, la autora nos conduce por la necesidad de elaborar los duelos de manera sana y escribir lo que se nos hace difícil expresar. Nos estimula a viajar liviano y a reconocer el final del recorrido para disfrutar mucho más sus paisajes. Nos incita a recordar sin dolor y a superar la culpa que se halla atada a los hábitos culturales. Nos provoca a establecer con delicadeza la red de apoyo que sea requerido y a cuestionarnos las preguntas pertinentes alejados del miedo, para de esa manera obtener las respuestas completas.

Mucho sufrimiento podemos aliviar si aprendemos mejor y desde más temprano a atender el cuidado de las personas y sus familias al final de la vida, con el amor y la compasión que nos enseñan la comprensión del destino común que tenemos todos los seres humanos, sin distinciones de cualquier tipo.

No importa si somos escépticos o creyentes; el paso que daremos al abrir la puerta a lo desconocido es ineludible para todos. Este texto es una guía oportuna que debemos agradecer, porque nos puede ayudar a prepararnos para realizarlo de manera sencilla, serena y en paz.

Augusto Galán Sarmiento, MD, MPA
Escritor

Somos los protagonistas de nuestro viaje a la luz

Mensajes desde mi consulta

Desde hace alrededor de treinta años acompaño a personas en proceso de duelo. No tengo la menor duda de que lo que más desean es recibir un mensaje de consuelo de su ser querido. Un reporte que les diga: "Crucé al otro lado, llegué bien, todo en orden". Algo que les confirme que él o ella sigue vivo; quieren cerciorarse de que, aunque no tiene el cuerpo físico con que lo conocieron, su esencia, su alma, no ha muerto y los continúa amando y cuidando. Anhelan recibir un consejo, un mensaje de cariño y, además, con gran frecuencia, desean saber cómo quiere la persona que ahora está en el mundo espiritual que se cumplan sus últimas voluntades y se disponga de sus pertenencias. Usualmente no quieren ir en contra de los deseos de su ser querido.

Muchos de ellos acuden a mi consulta porque en mi familia algunos tenemos un talento inusual: a veces nos podemos comunicar con las personas fallecidas que viven en el mundo espiritual. No es tan raro como parece, ya que a través de la historia de la humanidad son muchas las personas que han tenido este tipo de comunicación. A algunas les ha sucedido que ocasionalmente han visto a su ser querido fallecido y recibido sus mensajes, ya sea en sueños o estando despiertos, en una experiencia reconfortante y transformadora. No tiene explicación sencilla, es un fenómeno generalmente espontáneo y que rara vez se repite a voluntad.

También existen los reconocidos médiums, quienes tienen el talento o el don de comunicarse con las personas que habitan en el mundo espiritual, independientemente de que las hayan conocido o no, y pueden trasmitir mensajes de esa dimensión a la nuestra. Lo hacen voluntariamente.

Por fortuna, actualmente se acepta cada vez más esta actividad, y existen millones de ejemplares de libros de médiums reconocidos que han ayudado a un gran número de personas tanto a procesar su duelo como a comprender mejor la vida en el mundo espiritual y por lo tanto a disolver el temor a la muerte.

Si bien mi formación profesional es la de médica, buena parte de mi trabajo actual incluye el acompañamiento a hombres y mujeres en duelo. Tengo claro que muchas personas no me buscan como terapeuta sino como médium y comprendo el gran valor que tiene para ellas poder recibir un mensaje de cariño y consuelo desde el más allá.

Durante tantos años de compartir con muchas familias sus procesos de duelo, entendí que, si bien estos mensajes no son suficientes para aliviarlos, sí son de enorme ayuda para dar los primeros pasos en el camino de sanar la herida que produce la partida de un ser querido. Es un trabajo largo y delicado: incluye sanar muchos elementos, y esto requiere reconocer que nuestro ser querido está bien, uno de los pilares de este proceso de sanación.

Producto de ese trabajo con centenares de pacientes son los libros *Experiencias con el Cielo*, *Mundos Invisibles* y *Cómo es el Cielo*. En ellos narro los mensajes que han dado personas desde el mundo espiritual a sus seres queridos. En el primero hago énfasis sobre cómo es la vida en el Cielo, lo cual permite comprender la realidad de la existencia en el mundo espiritual y perder el temor a la muerte; en el segundo, profundizo sobre el proceso del duelo, explico los mecanismos que durante él se producen en el subconsciente y sugiero herramientas para ayudar en la resolución de la pena. El tercer libro es un recurso ilustrado para que en una familia donde hay niños o jóvenes puedan facilitarles procesar el duelo de un ser querido. Recibir múltiples mensajes tanto escritos como personales agradeciendo, pues al leer estos libros han podido perder el temor a la muerte o dar los pasos para superar la muerte de un ser querido, ha sido la mejor recompensa que puedo recibir al escribir sobre un tema para muchos temido pero que, en realidad, cuando lo comprendemos, nos permite tener una perspectiva más amplia y bella de la vida.

Al haber acompañado a decenas de pacientes a morir, he tenido el privilegio de conversar y trabajar profundamente sobre las preocupaciones humanas presentes cuando nos acercamos a nuestra propia muerte. He visto cómo las grandes necesidades de ese momento se enfocan en el deseo de poder aliviar el sufrimiento de nuestros seres queridos. Han sido estas hermosas y profundas conversaciones las que me han convencido de la necesidad de escribir este cuarto libro y proponer el *Legado de amor* como una valiosa herramienta para la vida y la muerte.

De los mensajes recibidos he aprendido que en ese mundo espiritual les importan muy poco los temas materiales, y por el contrario están muy atentos a los estados emocionales de sus seres queridos. Al saber que sus familiares y amigos cuentan con este legado de cariño, gratitud y perdón, pueden adaptarse mejor a su nueva vida en esa otra dimensión, ya que sus seres queridos cuentan con estos auténticos mensajes de consuelo. Rara vez sacamos el tiempo para compartir nuestros sentimientos, los cuales, una vez escritos o grabados, podremos tener la seguridad de que se convertirán en un tesoro para quienes los reciban.

Un legado de amor: un trabajo de generosidad, un manual de sanación

Con este manual, *Legado de amor*, busco aportar mi granito de arena para que cualquier persona que lo desee pueda dejar una maravillosa herramienta de consuelo y sosiego a sus seres queridos para que estos puedan contar por escrito o multimedia con valiosos mensajes de cariño, amor y enseñanzas que tanto ayudan a sanar.

El objetivo de este proceso es plantear algunas reflexiones para poder tomar decisiones personales, prácticas y amorosas que nos permitan facilitar el duelo a nuestros seres queridos en el momento de nuestra partida, recordando que somos protagonistas de ese regreso a la Luz y que es mejor hacerlo mientras aún tenemos el ánimo, la salud y la conciencia para hacerlo. Para realizar esta tarea no hace falta estar enfermo ni tener cerca la muerte. Solo se debe tener el deseo de aliviarles el duelo a nuestros seres queridos en el momento en que nos corresponda trascender.

Propongo el trabajo del legado de amor como una herramienta útil para ayudar a procesar la experiencia y el dolor que involuntariamente causaremos a nuestros seres queridos en el momento de partir al Cielo.

Este manual es un testamento o, mejor, un legado de amor y gratitud para quienes nos acompañaron en la vida. Es el reflejo de esa huella original e irrepetible que marcamos durante nuestro paso por la vida en aquellos que nos rodean y una forma de conservarla con amor y en paz.

Es una oportunidad para que plasmes tus sentimientos de amor, gratitud y perdón; también las enseñanzas y valores en los que crees, así como tus últimas voluntades para ser entregados a tus seres queridos en el momento de tu partida. Será un tesoro para ellos ya que tendrá tu nota personal y única.

Hacer esta tarea incluye abrir un espacio para hablar sobre cómo queremos nuestros rituales de despedida y sobre la forma en que nuestra familia y seres queridos pueden honrarnos cuando llegue la hora de hacer nuestro tránsito hacia el Cielo.

Es también una oportunidad para expresar decisiones importantes que, al ser dejadas por escrito, nos ayudan a evitar confusiones y disgustos entre nuestros seres queridos. Hacer esta tarea de corazón y con honestidad nos permite aliviar parte del agobio que estas situaciones tan dolorosas ocasionan, y podrán proporcionarnos algo de consuelo y tranquilidad tanto a nosotros cuando partamos al mundo espiritual como a nuestra familia.

Al dejar escritas las disposiciones y solicitudes personales sobre la distribución y uso de nuestras pertenencias materiales, tendremos la tranquilidad de que nuestros seres queridos conocerán nuestra voluntad con claridad y sabrán cómo obrar en consecuencia.

Enfermedad y muerte digna

Quiero resaltar que en esta propuesta de trabajo podemos hacer explícito qué tipo de ayuda deseamos recibir en el ocaso de la vida o en caso de enfermedades graves e incurables, y cómo queremos que nos apoyen en el proceso de afrontar nuestra muerte, abriendo el espacio adecuado para hablar sobre nuestra muerte digna. Estas son situaciones acerca de las cuales es muy importante hablar antes de que se presenten, ya que ocasionan infinidad de dudas y confusión, que se pueden aliviar si hemos compartido previamente la manera como queremos afrontar la enfermedad y la muerte.

CAPÍTULO UNO

¿Qué es morir?

El reflexionar sobre la muerte tiene por objeto producir un auténtico cambio en lo más hondo del corazón. Muchas veces esto exige un período de retiro y contemplación profunda, porque solo eso puede abrirnos verdaderamente los ojos a lo que estamos haciendo con nuestra vida.

El libro tibetano de la vida y de la muerte

Sogyal Rimpoché

¿Qué es partir al mundo espiritual? Es morir. ¿Qué es morir? Es el momento en que abandonamos definitivamente nuestro cuerpo físico —el que realmente muere y con él la ilusión que lo rodea— y pasamos a una dimensión espiritual donde continuamos vivos, en un despertar a la verdad, el amor y la belleza.

Es casi imposible que nuestra partida no ocasione algún tipo de dolor, confusión e impacto, pero estos pueden ser aliviados, al menos parcialmente, gracias a un *legado de amor*, como el que planteo en este libro.

Tengo la certeza, luego de recibir centenares de mensajes de personas que han fallecido, que poder ver desde la dimensión espiritual que nuestros familiares y amigos logran procesar nuestra partida con paz, y que cuentan con instrucciones claras para gestionar nuestras posesiones materiales, nos facilitará hacer la transición a esa dimensión de la mejor manera posible.

Paulatinamente la humanidad ha ido confirmando que, después de la muerte, la vida continúa en el plano espiritual. Desde allí podremos ver cómo prosigue la vida de nuestros familiares y amigos en la Tierra. Recordemos que cuando el espíritu abandona el cuerpo físico al morir, no se convierte en alguien diferente a lo que era.

Lo que nos importa en la Tierra nos seguirá importando en la otra dimensión. Quien fallece mantiene su personalidad, solo que su punto de vista es usualmente más amplio y sus sentimientos más serenos y pacíficos. En especial, en la primera etapa luego de la muerte, mantiene emociones y sentimientos parecidos a los que tenía en su vida terrenal. Por ello es de vital importancia que su duelo sea procesado con la mayor paz y gratitud posible. Eso es lo que busca este libro, armonía para el que se va y para los que se quedan.

Quisiera que recordaras que en esta tarea no estarás solo. Tu alma, que es tu ser sagrado, te acompañará y guiará. Es la misma fuerza que te acompañará y guiará cuando regreses al Hogar. Es la misma que, si se lo permiten, ayudará a cada una de las personas que amas a elaborar tu duelo y sanar con tu legado de amor.

¿Por qué es tan difícil enfrentar este tema?

No enfrentamos el tema de la muerte porque no es fácil. La muerte duele. Las emociones, sentimientos y creencias que la rodean hacen de ella uno de los mayores misterios que acompañan la vida del ser humano. Las culturas ancestrales la aceptan y la viven como algo natural. Sus creencias les permiten tejer una relación con la muerte como parte del tejido de la vida. Hacen de ella un momento

Deseo que *Legado de amor* te permita tener la certeza de que tus seres queridos van a contar con una ayuda, proveniente de ti, que los acompañará durante el proceso del duelo. Si además has procurado sanar al máximo posible los vínculos, podrás seguir el curso de tu viaje al mundo espiritual sin culpas, temores o resentimientos que te retengan en un mundo que ya no es el tuyo.

sagrado; comprenden que es un regreso al hogar de la Luz, la entrada a un mundo de paz.

En nuestra época podemos recuperar ese conocimiento, perdido en parte por los enormes progresos que en el sostenimiento de la vida ha hecho la medicina. Nuestra cultura moderna ha logrado prolongar la vida del cuerpo físico como nunca antes se había visto, pero no hemos avanzado mucho en la comprensión de la necesidad de una muerte digna. A los médicos se nos entrena para luchar contra la muerte, no para hacer un acompañamiento amable y humano al final de la vida.

Todos queremos morir de forma natural y pacífica, mas pocas personas pueden decidir las condiciones de su muerte, como logran hacerlo algunos maestros orientales. Ella puede llegar inesperadamente. Esto hace que a su alrededor se tejan creencias que nos impiden hablar de ella en primera persona y obstaculizan poder vivir un poco más pacíficamente nuestro regreso al Cielo. Eso lo podemos cambiar. En *Legado de amor* te entregaré herramientas para lograrlo.

El miedo

El miedo a hablar acerca de la muerte nos lleva a dilatar diálogos, acuerdos y decisiones y nos impide dejar clara nuestra voluntad acerca de temas concretos y útiles tanto para sanar vínculos, como para expresar cariño y gratitud o para dejar en orden asuntos materiales. Estos silencios son innecesarios y pueden además ocasionar que nuestros seres queridos queden confundidos y preocupados en medio de una situación de duelo, al ignorar aspectos importantes de nuestra vida que tienen incidencia en su futuro.

La dificultad para enfrentarse a temas y decisiones complejas

Pensar seriamente en nuestra partida implica procurar dejar el menor número de conflictos, dolores y molestas sorpresas a nuestros allegados. Muchas veces, pensando que la vida nos dará tiempo para resolverlos, dejamos problemas o temas que ocultamos o sobre los que evitamos hablar, como deudas sin pagar, empresas en malas condiciones o familias desconocidas. En este punto nos referimos no solo a las deudas económicas, ya que la muerte nos puede sorprender sin haber logrado cancelarlas y eso no es un error, sino a las deudas emocionales y morales. Postergamos esas conversaciones difíciles pero valientes y necesarias, como hablar sobre temas que nos avergüenzan y que serán conocidos a nuestra partida, causando doble dolor si no se sabe de ellos a tiempo.

Pedir perdón, reparar errores, perdonar o saldar deudas —en la medida de lo posible— implica reconocer la responsabilidad sobre nuestros actos y, aunque a veces es muy difícil y doloroso, se convierte en uno de los actos más maduros y liberadores de carga emocional que un ser humano puede hacer. Todo ello hará que la maleta que nos llevemos al otro mundo sea más liviana y no tengamos que cargar en ella el peso de las culpas y la tristeza de dejar agobiados a los que queremos, tratando de solucionar nuestras fallas.

Lo desconocido

He acompañado a decenas de personas en el final de sus días, seguidores de diferentes senderos filosóficos y religiosos. Llegan a mi memoria católicos, cristianos, budistas, agnósticos, ateos y devotos de tradiciones hindúes u otras corrientes ancestrales, todos con diferentes matices de creencias. En su mayoría tenían inicialmente temor a que habláramos de cómo sería la vida en el más allá, pero luego, cuando les explicaba lo que sabemos sobre esa otra dimensión, descansaban y desaparecían sus temores al respecto.

Al recibir múltiples correos de lectores agradeciéndome que al leer mi libro *Experiencias con el Cielo* su miedo a la muerte se había aliviado, puedo afirmar que el esfuerzo que se haga para difundir este tema sí tiene resultados positivos. Lo que no conocemos nos puede ocasionar temor y resistencia. El paso al mundo espiritual es uno de los mayores ejemplos. Esta resistencia se transforma cuando comprendemos qué ocurre con nosotros o nuestros seres queridos luego de que el espíritu trasciende.

Si bien es un tema sobre el que hablan todas las corrientes espirituales, generalmente no hay gran detalle sobre cómo es la otra vida. Para enterarnos más sobre esto se pueden leer numerosos estudios científicos, basados en los relatos de personas que han pasado por las denominadas "experiencias cercanas a la muerte" (E.C.M.), que nos permiten hacernos una idea de cómo puede ser la vida en ese plano.

Otra fuente de conocimiento al respecto son los testimonios registrados en los libros escritos por médiums, en los que describen con gran detalle sus comunicaciones con seres humanos en el plano espiritual. Estos textos han sido escritos por autores de distintas culturas y en diversas épocas de la historia. Lo llamativo, y que nos puede llevar a confiar en sus relatos, es que las descripciones de la vida en el mundo del más allá, hechas por personas que han tenido experiencias cercanas a la muerte, son coincidentes con las relatadas por los budistas desde hace milenios o por videntes occidentales en años recientes.

En mi experiencia personal sucede que a veces, durante la consulta, cuando hago acompañamiento de duelo, hacen presencia, con su cuerpo espiritual, los seres queridos fallecidos que buscan consolar a su familia. Por lo general resulta una preciosa experiencia en la que el visitante da claves de su identidad, mediante detalles personales sencillos que yo desconozco y que él me revela, proporcionando gran confianza al familiar acerca de la veracidad del mensaje, que usualmente es de amor, compañía y consuelo.

Con frecuencia narran eventos que han sucedido en la familia luego de que han muerto, indicando que siguen al tanto de lo que ocurre con sus seres queridos y eventualmente describen cómo es su nueva forma de vida. No es inusual que la finalidad de su visita sea pedir perdón.

Para superar estos tres obstáculos, *Legado de amor* busca ayudar a disolver el temor a hablar sobre la muerte, brindar herramientas que te permitan tomar decisiones sobre tu vida para disminuir al máximo el impacto que tu fallecimiento pueda causar a tus allegados y, finalmente, exponer con claridad la realidad de una existencia en el mundo espiritual. Esto facilitará prepararnos para dar el paso a ese mundo de la mejor forma posible, en el momento que a cada uno nos corresponda, y que ese evento sea un proceso consciente, amoroso y espiritual.

CAPÍTULO DOS

¿Podemos imaginar nuestra muerte?

No basta con pensar en la muerte, sino que se debe tenerla siempre delante. Entonces la vida se hace más solemne, más importante, más fecunda y más alegre.

Stefan Zweig

¿Qué quisieras que ocurriera?

¿Qué le ocurrirá a tu familia, a tus amigos y a tus compañeros de trabajo cuando termine tu existencia en la Tierra?

Sea cual sea la respuesta que nos demos, la realidad es que ninguno de nosotros puede saber a ciencia cierta qué pasará. Es muy probable que esa pregunta sea más fácil de responder si comprendemos que hay unos factores que no podemos controlar respecto a lo que ocurrirá cuando fallezcamos y otros sobre los cuales sí podemos tener algún grado de injerencia. Si además la transformamos y nos preguntamos: "¿Qué quisiera que ocurriera cuando yo muera?", las cosas se facilitan. Nos damos cuenta entonces de que es ahora, en vida, que podemos ayudar a que muchas cosas buenas pasen cuando fallezcamos, si tomamos decisiones acertadas en ese sentido.

La mayoría de las personas, al hacer este ejercicio de "pensar nuestra muerte", responden que lo que más querrían es poder aliviar el duelo a sus seres queridos. Para eso, te invito a imaginar qué ocurriría si, luego de morir, pudieras regresar del Cielo por unos minutos y comunicarte con ellos. ¿Qué les dirías?

Cierra los ojos, haz una pausa y piensa cuáles serían tus mensajes inmediatos.

Es probable que quisieras usar esa oportunidad para expresar amor, gratitud, dar un parte de tranquilidad sobre tu estado y así ayudarlos a procesar el dolor de tu partida.

Te invito a poner por escrito en tu cuaderno de trabajo *Legado de amor* esas ideas y sentimientos de amor y cariño que pueden ayudar enormemente a ese difícil evento que es pasar un duelo.

Al escribirlos también tienes la oportunidad de realizar un precioso trabajo espiritual. Te propongo hacerlo con calma; puedes leer varias veces el texto antes de contestar, ya que esto no es un ejercicio sencillo, sino una experiencia profundamente humana y sagrada.

Manos a la obra

Al final de este libro encontrarás dos manuales, uno que llamaré cuaderno de trabajo, donde puedes consignar tus reflexiones personales; es el borrador de lo que luego, cuando lo hayas decantado, podrás dejar por escrito para tus seres queridos en lo que denominaremos *Legado de amor*, el texto que dejarás para que sea entregado luego de tu muerte o en el momento de una enfermedad grave. Como podrás comprender, solo mencionar que dejarás un texto escrito, un testamento vital, abre una puerta muy útil para abordar el tema con tu familia. El segundo va dirigido a tus familiares y son ellos los que deben completarlo.

Te propongo un formato general, pero tú lo puedes adaptar a tus necesidades, gustos, manera de ser y tiempo que tengas disponible. Si bien *Legado de amor* consta de varias secciones, puedes resumirlo en una carta o contestar solo aquellas secciones que encuentres pertinentes y añadir las que quieras.

Puedes grabar tus respuestas si no te animas a escribir o por cualquier motivo se te dificulta hacerlo. Te pido que procures llenar todo el cuaderno de trabajo, como quien escribe un borrador, sin temor y sin pensar que tenga que ser un escrito perfecto. Si no te sientes cómodo haciéndolo a mano, al final del libro encontrarás un código QR que te permitirá acceder y descargar el formulario en internet. Para hacerlo, deberás descargar previamente una de las aplicaciones disponibles de códigos QR en tu celular y seguir las instrucciones señaladas. Si lo haces a mano, puedes, además del espacio que te ofrece el cuaderno de trabajo, utilizar las páginas en blanco disponibles al final del libro o tener tu propio cuadernillo personal.

Nota: Te pido que imagines que este formato es tan solo una guía que te puede ser útil. Si bien puedes tan solo reflexionar sobre las preguntas o contestarlas mentalmente, te aconsejo sacar el tiempo para hacerlo por escrito, en video o nota de voz; tú sabrás qué es lo que te ayudará a sanar tu corazón y lograr un mejor encuentro personal.

Solo tú conoces tu tiempo y recursos y si por cualquier motivo no puedes escribir, reflexionar sobre las preguntas que se te plantean en tu interior seguro será positivo para ti.

Inspiración para hacer el trabajo

A continuación, te comparto dos textos escritos en condiciones diferentes por personas que fueron pacientes míos, los cuales resumen la huella que cada uno quería dejar en sus seres queridos, su legado de amor. Esa puede ser la forma en que tú te sientas cómodo: dejando un pequeño texto que exprese tu gratitud y tu cariño hacia tu familia y tus amigos.

Este primer legado fue escrito por una paciente a quien acompañé durante el tratamiento de un cáncer que no respondió favorablemente a la quimioterapia. Cuando ella comprendió que su muerte era inevitable, escribió una bella carta a su familia, en especial a su pequeña hija Juanita, quien es ahora psico-oncóloga y me autorizó publicar esa carta que conserva como un tesoro de su madre.

A mi Juanita
Mi vida
A mis papás, a mis hermanas, a mi hermano y sobre todo a mi Juanita y a todos los que compartieron un minuto de felicidad y tristeza quiero agradecerles esa cercanía y confianza por haber estado en momentos difíciles y de gozo.

Les entrego a mi Juanita: mi enfermera, mi amiguita y mi consejera, espero que siempre esté rodeada de personas honestas, trabajadoras y dignas para que cada día mi Juanita sea una niña más fuerte que afronte toda situación difícil y así pueda crecer espiritual y emocionalmente y convertirse en una persona feliz.

Quiero que sepas, Juanis, que en el Cielo yo seré tu angelito que te protegerá siempre, siempre, y que siempre te seguiré queriendo como un angelito que quiere lo mejor para su hija. No se te olvide rezar todas las noches al niño Jesús y a la Virgen por tu mamá que siempre te estará dando su amor.

Le doy gracias a Dios por permitirme luchar por ser una persona trabajadora, emprendedora y feliz, por la inmensa felicidad que me dio al ser parte de esta, mi maravillosa familia, también le agradezco a Él por todo lo que he pasado pues todo el dolor que sentí me hizo acercarme más a Él, conocerlo, orar, y pedirle que todo lo que sentía lo convirtiera en santidad y felicidad para mi Juanita.

A mis papás les agradezco la ayuda incondicional que siempre tuvieron para conmigo y para mi Juanita. Lamento que en los momentos tristes de dolor lo único que recibieron fue desplantes de parte mía. Espero entiendan que fueron el desespero y la incertidumbre los que me hicieron reaccionar de forma brusca, pero nunca buscando ofenderlos o causarles dolor. Les agradezco a todos por acompañarme en este momento. Quiero que mi muerte sirva de ejemplo para que todos sepamos convertir los momentos difíciles que vivamos en oportunidades y así sacar el mejor provecho de todas las situaciones.

Los quiero y querré.

Ana Cristina Restrepo

Los valores de una familia

El segundo texto lo escribió el prestigioso abogado colombiano, Álvaro Rivera Concha, ante una petición que le hicieron sus familiares:

Querida Mary, queridos hijos:

Me han propuesto hacer un ejercicio, nada fácil para mí: imaginarme qué valores y qué actitudes querría ver en mi familia en las próximas generaciones, particularmente en las conformadas por mis hijos y mis nietos, después de mi fallecimiento. He dicho que la tarea no es fácil, porque el supuesto es incómodo: que ya yo no esté entre ustedes.

Pues bien, escúchenme con paciencia, que seré breve:

Quisiera que en mi descendencia siempre reine la solidaridad, virtud esta que presupone la generosidad, virtudes ambas que se resumen en el ejercicio del amor.

Solidaridad que la motiva el interés que se sienta por el bienestar del otro, de la comunidad, de la patria, que mueva la generosidad para tender la mano al necesitado, que no espere retribución distinta a la satisfacción por haber hecho lo correcto.

El ejercicio de la solidaridad presupone, entonces, en primer lugar, estar en todo momento dispuesto a interesarse por el pariente cercano, por el amigo, por la comunidad de la que se forma parte, por la patria a la que se pertenece, compartir la alegría que le han causado sus realizaciones, la angustia que generan sus expectativas, el dolor que han dejado sus fracasos.

El ejercicio de la solidaridad conlleva, en segundo lugar, el de la generosidad. Dar de uno, dar de lo de uno para ayudar al otro, a los otros, a los que más se pueda. Vivir en el desapego. Aceptar que lo que se tiene se ha recibido gratuitamente y no nos pertenece.

Ejercitar, en resumen, el amor. Amor que nos lleva a aceptar al otro como es, pero no donde está, es decir, a escucharlo con paciencia, a tolerarlo, a ayudarle a ser cada día mejor.

Por otra parte, como creyente que he sido y que, espero, seguiré siendo hasta mi muerte, quisiera que la fe en Dios distinguiera a mi descendencia. Respeto la actitud de cada uno frente a los grandes interrogantes de la existencia: quién soy, cómo explico mi racionalidad, de dónde vengo, para dónde voy, cómo entiendo lo que ha existido, existe y existirá hasta que la materia toda se convierta en energía. Con todo, deseo que haya en las generaciones venideras muchos creyentes porque Dios existe, aunque no se le tenga en cuenta, y la fe en Él suple la incapacidad de la razón frente al misterio de la vida y le da a esta un sentido trascendente.

Estos son los valores y estas las actitudes que desearía ver en mi descendencia y, por tanto, que quisiera que mis hijos infundieran a los suyos, estos a los suyos y, así, indefinidamente.

Álvaro Rivera Concha

Las Hortensias, Subachoque, diciembre 14 de 2008

Nota: el doctor Rivera falleció en 2019 y esta bella nota fue leída en su funeral.

Los siete legados

Como se puede apreciar en los legados anteriores, cada texto es diferente; contiene una riqueza particular proveniente de la esencia amorosa de quien lo escribe. Eso es lo que va a nutrir la esencia amorosa de quienes lo reciben. Es tu sello personal el que procurarás plasmar y, para ello, la espontaneidad es la mejor herramienta.

Los textos a escribir se refieren a lo que he denominado siete legados, que son:

PRIMER LEGADO:
valores y enseñanzas

SEGUNDO LEGADO:
tesoros y recuerdos

TERCER LEGADO:
gratitud

CUARTO LEGADO:
lo material y formal

QUINTO LEGADO:
sanación y perdón

SEXTO LEGADO:
voluntades finales

SÉPTIMO LEGADO:
inspiración y ánimo / conexión viva /
petición / deseos finales

Además de estos legados, te invito a hacer una pequeña introducción o saludo, una petición sobre cómo querrías que tu familia procesara tu duelo y te sugiero hacer un balance de vida que es solo para ti, no es necesario que lo compartas, aunque puede ser interesante que cuando lo hagas lo comentes con alguien a quien ames y cuyas opiniones te sean valiosas. Se busca obtener y dar paz con cada legado. Recuerda que tú decides, entre las posibilidades expuestas, cuáles se ajustan más a tu vida y a lo que quieres dejar a tus seres queridos.

Por último, luego de los legados, el libro trae algunas reflexiones que responden muchas de las preguntas que me hacen mis pacientes cuando se preparan para emprender el viaje a la dimensión espiritual.

CAPÍTULO TRES

Lo que dejamos en la memoria de los demás

Aprendí que la gente olvidará lo que dijiste,
la gente olvidará lo que hiciste, pero la gente nunca
olvidará cómo los hiciste sentir.
Maya Angelou

Una guía práctica para construir nuestros legados

El saludo

La primera actividad que te sugiero es escribir el saludo que va a encabezar tu *Legado de amor*. Pueden ser unas frases explicando cuál es tu intención al dejar por escrito tu testamento vital. El siguiente es un ejemplo de lo que te propongo hacer:

41

Espero que cuando lean este texto yo esté feliz de regreso al Cielo y desde allí los quiero acompañar. Les dejé este escrito porque los amo y quisiera que pasaran mi duelo en la mejor forma posible. No se asusten ni se extrañen. La vida continua y como tal vez no se den cuenta de que estoy cerca agradeciéndoles y procurando consolarlos, les dejo estas líneas que expresan mi gran amor y gratitud, a la vez que les dejo instrucciones que confío les sean útiles para resolver algunos temas que deben manejar con mi partida. Los amo y los sigo acompañando.

En tu cuaderno de trabajo *Legado de amor* puedes plasmar tus propias ideas sobre los motivos que tienes para hacer este amoroso trabajo de dejar por escrito un testamento vital a tus seres queridos. Ver página 164.

Sugerencias para procesar el duelo

A continuación, les compartiré unas ideas sobre cómo la mayoría querríamos que nuestros seres queridos vivieran nuestro duelo. Puedes hacer eco de estas palabras, simplemente firmarlas o escribir tu propio texto. Para tus seres queridos cualquiera de las formas es una expresión valiosísima de tu amor.

Cuando yo falte quisiera que...
No te enfades... mi partida puede ser algo que
anticipábamos o repentina.
Seguramente teníamos un acuerdo con Dios
y yo estaré cerca para ayudarte.
Te amo.

Cuando yo falte quisiera que...
Pasarás mi duelo en paz, como me gustaría

lograrlo si tú te vas primero. Sé que sentirás tristeza.
Cuando te digo que lo hagas en paz, no significa que no llores o
no te sientas herido, confundido y golpeado por la vida.
Eso es parte de todo duelo.
Lo que no quiero es que lo reclames como algo injusto.
El cómo y el cuándo no lo sabemos ni tú ni yo, pero el alma
sí lo sabe. Espero que comprender esto te permita manejar mi
partida de una mejor manera.
Te (los) amo.

Si yo faltara quisiera que...
Lo que nos una no sea la tristeza, ni la amargura ni el dolor.
Podemos pensar que es preferible que nos unan los buenos
recuerdos, los días bonitos, los esfuerzos, comprender que somos
humanos y a pesar de nuestros errores nos quisimos.
Así podremos hacer cada uno su duelo,
yo en el Cielo y tú en la Tierra.
Te amo.

Si yo faltara quisiera que...
Podamos reconciliarnos. Si te herí, necesito tu perdón.
Si me heriste, yo quiero perdonarte.
Te quiero.

Si yo faltara quisiera que...
Tengas la certeza de que estaré a tu lado cuando lo necesites,
aunque no me veas o me escuches. Me alegrará mucho que me
hables y me invites a estar en tu vida, a cuidarte y a cuidar de
quienes amas. Confío en que pronto aprenderás a sentir que
nuestro vínculo de cariño y amor continúa.
Te amo.

En tu cuaderno de trabajo *Mi legado de amor* puedes plasmar tus propias ideas sobre qué consejos quieres darles a tus seres queridos para superar tu duelo en el momento de tu partida al mundo espiritual. Ver página 164.

El balance

En el momento de nuestra partida nos confrontaremos con nuestra vida; será un momento de inevitable honestidad. Abundan los testimonios de personas que tuvieron experiencias cercanas a la muerte (E.C.M.) o de seres humanos que desde el mundo espiritual se han comunicado con sus seres queridos en la Tierra, ya sea en sueños o a través de médiums, narrando qué les ocurrió en el momento de pasar al mundo espiritual. Uno de los eventos más significativos en que coinciden estos relatos es la etapa de revisión de vida por la cual pasan un buen número de ellos.

Lo que resaltan es que se les mostró toda su vida como si fuera una película de alta velocidad, en la que pueden ver todo lo que hicieron y dejaron de hacer, con una característica marcada y es que sienten lo que les ocasionaron a las personas a su alrededor. Nadie te culpa ni te juzga. Es uno mismo quien hace conciencia de cómo obró. Casi todos narran que durante esta revisión estuvieron acompañados de guías espirituales amorosos que les ayudaron a comprender que muchos actos erróneos eran el resultado de la falta de madurez, de circunstancias sociales específicas, etcétera, para que el individuo no se juzgue con exceso de dureza; más bien se busca que, luego de una observación honesta de sus actos, pueda sentirse orgulloso de sus esfuerzos, tomar decisiones sobre aquello en lo que debe mejorar y pida ayuda para lograrlo, ya que en el Otro Lado, en el reino espiritual, se sigue evolucionando y, si se quiere, desde allá se pueden reparar en alguna medida las faltas cometidas acá.

De hecho, después de esta revisión de vida, muchas de las personas que regresan a su cuerpo físico luego de una E.C.M. toman decisiones importantes, cambiando conductas, procurando reparar acciones inadecuadas de las que se dieron cuenta en esa revisión. No todos lo hacen, ya que no siempre se toma conciencia de la parte de responsabilidad que cada uno tiene sobre su propia vida. La idea del trabajo que te propongo es hacerlo ahora, cuando estamos en este plano, aún a tiempo para aprender y corregir.

Revisar nuestra vida a tiempo, con tiempo

Al pasar al Otro Lado no cambiamos mucho,
seguimos siendo parecidos.

Como ya lo señalé anteriormente, la persona honesta, atenta y sensible en este plano lo seguirá siendo en el otro. El individuo egoísta, que culpa a los otros de sus dificultades, tendrá la oportunidad de hacer conciencia y de ser ayudado en la transformación de su carácter, pero esto no siempre se logra, ya que, lamentablemente, rara vez cambiamos sin sufrimiento de por medio.

Un refrán oriental que escuché de un profesor de Vedanta, la antigua sabiduría de la India, dice así: "Los hombres aprendemos por dos vías: por sufrimiento o por discernimiento". No es tan fácil aprender a discernir; la realidad es que casi todos, en muchos momentos, pasamos a través de una circunstancia dolorosa que nos lleva a hacer ajustes y cambios positivos en nuestra vida y así aprendemos a discernir. Es algo que lleva tiempo, experiencia y necesita de momentos de reflexión y de conciencia.

Podemos hacer una revisión de vida voluntaria y frecuentemente antes de partir a ese viaje sin regreso; si la hacemos con discernimiento y honestidad, seguro introduciremos cambios

con los que evitaremos aflicciones innecesarias a nuestros allegados y a nosotros mismos.

Una de las muchas maneras de hacer esta evaluación es hacernos la siguiente pregunta:

¿Cómo creo que me recordarán cuando muera?

La respuesta a esa pregunta es la huella indeleble que cada uno
deja en otros y por ello es importante revisar cuál es la nuestra. No
temamos que nos olviden. Si hemos amado, no nos olvidarán. Si hemos vivido con espontaneidad y honestidad, no nos olvidarán. Ojalá
nos recuerden por haber sido un elemento positivo en la vida de
quienes dejamos en la Tierra, pero no pretendamos ser el centro
de atención de sus vidas. Es solo nuestro ego el que desea eso y en
el Cielo si algo nos va a estorbar, es el ego.

Es sano pretender que las enseñanzas, el ejemplo y el amor
que les dimos sean herramientas valiosas para que ellos logren
ser excelentes seres humanos. Confiemos que sea por eso que nos
recuerden.

Todos nos podemos perdonar

Todos tenemos maravillosos aspectos. No te avergüences de algunas áreas de tu personalidad que encuentres poco gratas. La idea
de este libro es precisamente no trabajar desde la culpa. Es un peso
que no es necesario llevar en la maleta que nos acompaña al mundo
espiritual y mucho menos en la que llevamos en esta vida terrenal,
en la que esos sentimientos son mucho más pesados.

La carga de la culpa, en el momento de la muerte, impide a la
persona que fallece dar el salto, por así decirlo, desde este mundo

Vale la pena tener presente que debemos aceptar que una forma saludable de que nuestros seres queridos procesen el duelo es que ocupemos un espacio en su memoria que no sea su presente, donde el dolor de nuestra pérdida les impida realizar sus tareas cotidianas. Esto ocurrirá probablemente los primeros días y semanas, pero no es sano que se prolongue muchos meses. Debemos ocupar un espacio diferente en sus vidas. La idea es invitarlos a que sepan que pueden contar con nosotros desde el Cielo, con nuestro amor e inspiración, pero que no deben depender de nosotros.

al plano del Cielo y la lleva a quedarse en planos intermedios. Si crees que lo perfecto es lo mejor, este es buen momento para comprender que esa es una de las ideas más destructivas que tenemos los seres humanos y para borrarla de tus creencias básicas. No te juzgues frente al marco de un ideal perfecto, ya que la perfección no existe en la vida real y al intentar serlo nos autoimponemos un gran peso, que se transforma luego en un dolor desgarrador, otro más en la maleta que llevamos diariamente, un impedimento para dar el gran salto al Cielo en el momento en que nos corresponda.

De todas las experiencias aprendemos, incluso de aquellas que podemos llamar errores, fracasos o fallas, como no actuar en el momento oportuno, desperdiciar el tiempo, las oportunidades, el dinero o la energía; lesionar a otros o a nosotros mismos, etcétera. El tema no es quedarnos en la culpa, aunque inicialmente es sana, ya que es la primera señal de que nos hemos vuelto conscientes del error; nos conduce a la reflexión y al cambio, pero no podemos quedarnos en ella. Permanecer en la culpa, la vergüenza y el lamento es en medio de todo más cómodo que hacer el esfuerzo de procurar reparar o solucionar en lo posible aquello que hicimos y de lo cual no estamos orgullosos.

Los fracasos y los errores, al igual que los duelos y las pérdidas, pueden sacar lo mejor de nosotros cuando los enfrentamos con aceptación y recibiéndolos como opciones que nos da la vida para mejorar. Perdonarnos a nosotros mismos. Por eso, cuando hagas esta revisión de vida, no pretendas haber hecho todo perfecto, ni quedarte en el lamento del error, sino ver en qué puedes mejorar y así buscar una mejor versión de ti mismo.

Como sucede con frecuencia, podemos ser jueces excesivamente severos de nosotros mismos, así que aquí no se te pide que te analices desde tu punto de vista sino desde el que supones es el punto de vista de los que te rodean. Los humanos somos seres sociales, constructores de vínculos en mayor o menor medida, tanto con otros seres humanos como con los animales y el medio ambiente. Esta idea te puede parecer inicialmente extraña, pero creo que pronto comprenderás su utilidad.

Explorando nuestras múltiples máscaras

Puede que con algunas de las personas con las que has vivido tengas una buena relación y con otras no. Tenemos facetas diferentes en las distintas relaciones y a veces podemos ser "luz de la calle y oscuridad de la casa". Si te das cuenta de algo que quisieras transformar, aún estás a tiempo. Ese es parte del objetivo de este libro. Que tu legado revele tu mejor versión.

Tenemos personalidades multifacéticas. Son los diversos rostros o "máscaras" que usamos en los diferentes escenarios donde transcurre nuestra vida. Algunas de esas facetas son manifestaciones de nuestra personalidad real, otras son la manera como hemos intentado encajar en ciertas situaciones de la vida, incluso yendo en contra de nuestros anhelos básicos. Es posible que con los amigos seamos espontáneos, sinceros y alegres, mientras que en el mundo laboral seamos lo que se espera que seamos, pero no lo que nuestro corazón quisiera. Tal vez en la familia somos amados y aprobados, pero en nuestra vida romántica hayamos tenido fracasos y heridas.

Rara vez nos va bien en todas las áreas de la vida. Puede que alguien sea un profesional exitoso, pero sus hijos le reclamen no haber sido un buen papá, independiente de que hiciera sus mejores esfuerzos en ese sentido. Es imposible complacer o darles gusto a todas las personas que nos rodean. No olvidemos lo contrario: los que nos rodean no tienen como principal tarea tratar de agradarnos. Si aceptas esto, tendrás menos resentimientos y decepciones por acciones de los otros en relación contigo.

Por eso, para contestar ¿cómo crees que te recordarán?, procura separar las distintas áreas de tu vida.

Hacer las paces con nuestra trayectoria de vida

Para ayudarte a responder te sugerimos que tomes unos instantes para hacerlo desde la perspectiva del que se queda en la Tierra. Procura recordar a personas de tu familia, de tu trabajo, amigos y enemigos que hayan fallecido, y "sentir" la huella que dejaron en ti. Eso te permitirá comprender qué es recordar a otro y podrás proyectar o imaginar cómo te recordarán a ti. En la siguiente actividad te daré la guía para realizar este ejercicio.

Actividad
¿Cómo recuerdas a otros?

Para hacer el ejercicio completo elige a tres personas importantes en tu vida que hayan fallecido y escribe lo que sientes y piensas cuando las recuerdas. Pon en la lista al menos una con la que hayas tenido dificultades en tu relación.

En tu cuaderno de trabajo *Legado de amor* tienes el espacio para hacerlo. Ver página 166.

Algunas preguntas difíciles

Si bien probablemente has contestado con palabras a la pregunta de cómo recuerdas a alguien, a uno lo recuerdan realmente con una mezcla de sentimientos que se expresan con palabras. Recordamos o nos recuerdan por nuestros actos y por lo que esos actos hicieron sentir a otros.

¿Hemos proporcionado alegría, soporte, consuelo, ejemplo, ayuda, apoyo a otros?

¿Somos admirados, amados, apreciados?

¿Por el contrario, producimos miedo, ansiedad, desconfianza, somos carga permanente?

¿Vivimos criticando todo o somos constructivos en nuestra vida diaria?

¿Somos alguien con quien se puede vivir fácilmente?

Si bien estas son las preguntas básicas con las que nosotros mismos vamos a revisar nuestra vida en el momento de abandonar nuestro cuerpo físico, las respuestas a dichas preguntas no son categóricas. Todos tenemos algo de luz y algo de oscuridad. Hemos tenido aciertos y desaciertos, amor y egoísmo, alegría y dolor. Contesta con honestidad y ten en cuenta los distintos entornos de tu vida. Aunque algo de nosotros se mantiene igual en todo momento y lugar, nuestra personalidad con frecuencia se manifiesta en forma distinta en los diferentes ambientes.

Recuerda: todas las respuestas son solo para ti, no irán en la versión final del *Legado de amor*, que irá dirigido a tus familiares y amigos. Luego de escribirlas puedes guardarlas para comparar en unos años qué ha ocurrido con tus rasgos de carácter, o sencillamente las pones al fuego y las quemas.

Actividad
¿Cómo te recordarán?

Para hacer el ejercicio te puede ser útil tratar de sentir primero cómo te recordarán y luego qué recordarán de ti. Por ejemplo, piensas que tus empleados te recordarán con alegría y gratitud, porque eras una persona generosa y comunicativa, que le daba importancia a los trabajos que realizaban y los estimulaba.

La primera parte tiene que ver con lo que sintieron por ti y la segunda con tus rasgos personales.

Actividad
Nuestras luces y nuestras sombras

Para facilitar esta tarea te proporcionaré una lista de calificativos para lo que crees que las personas sentirán hacia ti, y otra para los rasgos de carácter que has mostrado en esa esfera de tu vida. Son posibilidades que te pueden ser útiles para hacer este ejercicio, tú puedes emplearlas o usar otras que creas más convenientes.

Sentimientos positivos

Sentimientos positivos	Sentimientos negativos
Gratitud, admiración, alegría, Nostalgia, tristeza por tu partida, amor, cariño, lazos antiguos de amistad que se quieren mantener, sentimientos de deuda contigo, sentirse honrados de haberte conocido, desamparo, perdón	Miedo, desdén, rabia, alivio por tu partida, vergüenza, tristeza por tu vida, dolor por los vínculos que hicieron contigo, culpa Lástima, resentimiento

Es posible que te recuerden por haber sido una persona:

Rasgos constructivos	Rasgos destructivos
Alegre, entusiasta, generosa, responsable, inteligente, amable, cálida, tranquila, creativa, líder, buena compañía, eficiente, Servicial, prudente, ingeniosa Buen oyente, con buen humor, Graciosa, divertida, buena conversadora, humilde, con dotes para la enseñanza, inventora, innovadora, conservadora, respetuosa, buena oradora, espiritual, amorosa, sensible, psíquica	Temerosa, ansiosa, controladora, indecisa, insegura, mezquina, arrogante, mentirosa Despilfarradora, ilusa Incoherente, dictatorial, Regañona, crítica, corrupta, ladrona, grosera, falta de control de impulsos, cizañera, destructiva, autoritaria, compulsiva, fanática

Ten en mente que todos tenemos luces y sombras en nuestro carácter; además, cada persona lee a los otros con su filtro personal. Entonces, una actitud bien intencionada de parte de alguien puede ser leída por otra persona como una agresión.

No te obligues a contestar todas las preguntas, sino aquellas con las que te sientas cómodo. Si quieres, comenta con alguien cercano los pensamientos, sentimientos y emociones que algunas preguntas evoquen en ti.

Casi toda revisión saca a flote bloqueos e interferencias de todo tipo que están en nuestro subconsciente. La actividad que te propongo no busca como fin primordial hacer una labor terapéutica psicológica sino ayudarte a hacer reflexiones que te faciliten observar a tiempo aquello que en el mundo espiritual desearías cambiar. Sin embargo, como efecto colateral es muy probable que estés ayudando a tu subconsciente a encontrar algún tipo de solución a los conflictos que procesa.

Cómo crees que te recordarán

- En tu familia
  - De origen (aquella en la que naciste: abuelos, padres, hermanos, etcétera).
  - Personal (la que tú creaste: pareja, hijos, nietos, etcétera).
  - Política (parientes de tu pareja).
- Tus amigos
  - En tu trabajo.
  - Tus empleados.
  - Tus jefes.
  - Tus compañeros de trabajo.
  - Las personas para quienes trabajabas (clientes, pacientes, etcétera).

- Tu(s) pareja(s).
- En tus actividades de servicio, si las tienes.
- Animales cercanos (si los animales cercanos a ti pudieran hablar, ¿qué crees que dirían de ti?).
- Otras comunidades en las que participes (religiosas, deportivas, artísticas, literarias, etcétera).
- Medio ambiente (si el medio ambiente pudiera hablar, ¿qué diría de ti? ¿Lo cuidaste o lo ignoraste, hiciste grandes esfuerzos por él o no fue un tema significativo para ti?).

En tu cuaderno de trabajo *Legado de amor* tienes el espacio para contestar a estas preguntas (ver página 169). Cuando lo hayas hecho, verás, incluso sin tener que escribir sino simplemente con contestar mentalmente las preguntas anteriores, que ya tienes una idea de cómo crees que vas a ser recordado si murieras ahora.

¿Cómo quisieras ser recordado?

Luego de hacer esa tarea, podemos pasar a la siguiente: pensar cómo quisieras ser recordado. Hay una diferencia sutil pero importante. La diferencia en las respuestas es aquello en lo que debemos trabajar ahora, antes del momento de nuestro regreso a la Luz. No se trata de intentar hacer cosas diferentes a las que te indica tu corazón solo para agradar a los demás.

Se trata precisamente de ser lo que tu corazón te indica. Hacer este ejercicio nos permite darnos cuenta si hay algo que queremos transformar, sabiendo que aún estamos a tiempo. Repito, lo que buscamos es que nuestro legado revele la mejor versión de nosotros mismos.

Hacer este ejercicio te permite evaluar cómo va el rumbo de tu vida, si te diriges a tus metas o si vale la pena hacer un alto y redireccionar tus actos para que coincidan con tus propósitos.

No se trata de aparentar hacer actividades que no quisieras realmente hacer, solo por ser recordado de una determinada forma o de ser aprobado socialmente, sino de encontrar las mejores vías para expresar tu propia naturaleza.

Eso te dará más posibilidades de tener buenos resultados en aquello que emprendas, recordando también que el fracaso es un camino para encontrar nuestros talentos, cuando se reflexiona y se aprende de los hechos con humildad.

A continuación, te daré unos ejemplos muy sencillos del ejercicio que te sugiero hacer, lo importante es que realmente escribas qué huella quieres dejar de tu paso por la vida; es aquella que te va a dar paz.

Quiero ser recordado(a) por ser alguien generoso,
dedicado a los demás.

Quiero ser recordado(a) por ser un ingeniero
responsable (o abogado, mecánico, diseñador, músico, etcétera).
Recuerda que para muchas personas su profesión
ha sido importante, porque es a través de su oficio que han
dejado su aporte principal en su comunidad.

Quiero ser recordado(a) por ser buen miembro
de familia, trabajador y responsable. Por ser un hombre
o una mujer de negocios que supo enfrentar y salir
de las dificultades.

Quiero ser recordado(a) por ser buen amigo, generoso
y alegre, en quien se podía confiar y daba apoyo
en los momentos difíciles.

Quiero ser recordado(a) por ser un(a) buen(a)
padre/madre y esposo(a), que dio lo mejor de sí mismo(a)
a su familia y a sus hijos.

Quiero ser recordado(a) como alguien que sacó
adelante a sus hijos, les dio estudio y una posición social.

Quiero ser recordado(a) por ser alguien que buscaba a Dios.

Quiero ser recordado(a) por ser alguien que trató
de ayudar a los demás.

Tal vez estés en un momento de vida en que te tiene sin cuidado cómo vas a ser recordado. Eso también es válido ponerlo. Esta actividad no busca que te engañes; es para ti, para nadie más, y eres tú quien decide cómo manejas tu revisión de vida y qué haces con lo que observes.

Es tan solo una herramienta para buscar crecer en la paz, pues muchas veces la falta de paz proviene de que no tenemos claro hacia dónde dirigir nuestros esfuerzos. Cuando te contestas ¿cómo quiero ser recordado? y te das una pausa de silencio para contestar, probablemente le abras la puerta a tu voz interior, la cual te ayudará a ir aclarando dudas y confusiones.

· *Quiero ser recordado por ser...*

En tu cuaderno de trabajo *Legado de amor* encontrarás el espacio para contestar esa pregunta (ver página 173).

• *Me gustaría hacer cambios en...*

Es posible que las respuestas que has dado a las preguntas anteriores te inviten a hacer cambios en áreas tan diversas como modificar el tono de voz que usas cuando estás enfadado, evitar criticar o quejarte frecuentemente cuando alguien te llama o te visita, o decidir no decir mentiras, ya que puedes encontrar que es algo que haces con frecuencia y que te ha distanciado no solo de tus amigos y familiares sino de la paz interior. Si recuerdas alguna idea acerca de cambios en tus hábitos que hubiera surgido espontáneamente en tu conciencia cuando estabas contestando, anótala a continuación, ya que son sugerencias de tu alma que vale la pena seguir. Es la voz interior que todos tenemos y que a veces, en los momentos de silencio, logramos intuir.

En tu cuaderno de trabajo *Legado de amor* encontrarás el espacio para contestar esa pregunta (ver página 176).

CAPÍTULO CUATRO

Los siete legados del
amor

*La muerte de un hombre es más
un asunto de su superviviente que el suyo.*
Thomas Mann

Nuestra herencia, nuestro legado

A nuestros seres queridos y cercanos les dejamos mucho más que unas palabras de despedida. Estas son de gran valor por ser una muestra de amor, por supuesto, pero en realidad les dejamos un legado de vida, construido por nuestros actos, que reflejan las creencias y modo de ser de nuestra personalidad única e irrepetible. Son las huellas que nuestra vida dejó en ellos. A continuación, profundizaremos en algunos aspectos de ese legado.

Primer legado: enseñanzas y valores

*Dar ejemplo no es la principal manera de influir
sobre los demás; es la única manera.*

Albert Einstein

La vida de un ser humano es valiosa en la medida en que sus actos ayudan a la comunidad en la que vive. Los valores humanos universales tienen relación con los principios del amor, la verdad, la rectitud, la paz y la compasión. Las familias, en muchas ocasiones, nos caracterizamos por valores que transmitimos tácita o explícitamente de generación en generación. Ejemplo de esto pueden ser aquellas familias donde el conocimiento es el gran valor y en su seno se dan académicos o científicos; en otras, se resalta el valor del arte y es común que se presenten artistas, coleccionistas de arte o mecenas. En la mayoría de las familias los valores que transmitimos tienen que ver con las creencias religiosas, la honestidad, el trabajo, el esfuerzo, la disciplina y la importancia que se le da en cada hogar a elementos como la inteligencia, el dinero, la fama, el poder, las posesiones materiales, la capacidad de servir, etcétera. Esas creencias, cuando son fuertes, van formando el carácter de la familia, y la mayoría de sus miembros actuará en forma muy similar.

Es probable que tus padres te hayan transmitido valores que a su vez recibieron de sus mayores y que tú posiblemente los enseñes a tus hijos. Algunos son fundamentales y aprobados a través de la historia de la humanidad, como pueden ser la honradez, la responsabilidad, la verdad, el amor, la fidelidad o la disciplina, pero otros "valores" no lo son realmente, como pueden ser la riqueza o el poder a cualquier precio, ser valorados socialmente, tener una determinada profesión, etcétera.

En tu caso, ¿qué valores recibiste? ¿Qué es valioso o lo era para tu familia? ¿Compartes esos valores y los honras en tu vida diaria, o piensas que en la actualidad o según tu criterio esos valores no lo son y, por el contrario, empobrecen tu vida y la hacen más dura?

Te sugiero que escribas lo que crees que te enseñaron tus ancestros, ya sea de palabra o con la conducta, qué era valioso para tu familia, así éticamente no lo fuera. Resalto la palabra crees ya que, como en el juego del "teléfono roto", cuando alguien enseña una idea, puede ser interpretada de una forma muy diferente por quien recibe la información. Todos recibimos las comunicaciones de los otros a través de nuestros propios filtros y damos siempre interpretaciones personales a lo que vemos, oímos y sentimos. Por eso son tan frecuentes los problemas de comunicación.

Las personas enriquecemos o empobrecemos los legados que recibimos. Además del legado de valores que recibiste, es posible que con tus experiencias de vida hayas crecido en valores y conocimientos que tus ancestros no tenían, y que con ellos enriquezcas el legado que les trasmites a tus hijos. Te invito a reflexionar sobre todo ello en la siguiente actividad.

Actividad
El legado de los valores

Para realizar esta actividad te compartiré ejemplos de enseñanzas o valores que pudiste haber recibido de tu familia, ya sea por su conducta o sus palabras, algunos importantes y otros triviales, pero que dejaron huella en ti:

- Responsabilidad.
- Orden.
- Disciplina.
- Esfuerzo.
- Elegancia.

- Estética.
- Trabajar.
- Compartir.
- Amar a los animales.
- Participar en actividades de servicio.
- Comer en familia.
- Acompañarse en las dificultades.
- Estudiar.
- Hacer deporte.
- Ser aseado.
- Ser culto.
- Ir a misa.
- Ser amable.
- Tener buen humor.
- Saludar de beso o de mano.
- Leer.
- Tener muchos amigos.
- Comer de todo / comer sano.
- No mostrar las emociones.
- No molestar a otros con los problemas personales.
- Ser espiritual.
- Creer en alguna religión.
- Tener tendencias políticas.
- Darle importancia o no a la ecología.

Hay muchos otros, estos tan solo son algunos ejemplos para guiarte en la tarea que te propongo y facilitarte la reflexión sobre cuáles valores te enseñaron.

- ¿Qué valores crees que recibiste de tus ancestros? ¿Qué te enseñaron que era valioso?
    - ¿Por parte de tus padres?

- ¿Por parte de abuelos y familiares?
- ¿Cuáles de esos realmente incorporaste en tu vida?
- ¿Qué valores o enseñanzas familiares quieres legar o transmitir?

En tu cuaderno de trabajo puedes escribir a tus seres queridos acerca de los valores que recibiste y consideras importantes, y que además quisieras transmitir para continuar siendo parte de la cadena que protege y enriquece ese legado de tu familia para la sociedad. Al contestar pregúntate si estás contento con la forma en que lo estás haciendo.

Si lo consideras pertinente, escribe también sobre aquellas enseñanzas familiares que recibiste y que no te gustaría que heredaran.

- ¿Qué enseñanzas familiares recibiste que no quieres transmitir?
- Si te parece útil, escribe el por qué.

Enriquece tu legado

De lo que aprendiste en el transcurso de tu vida, ¿cuáles son los valores personales que has querido expresar en tu vida y quisieras trasmitir a tus descendientes o personas cercanas?

En tu cuaderno *Legado de amor* encontrarás el espacio para contestar estas preguntas (ver página 177).

Agradeciendo lo positivo, cortando lo negativo

Sugiero que hagas un alto y tengas un momento de conexión con tus ancestros, conocidos o desconocidos, vivos o fallecidos, padres, abuelos, bisabuelos, tatarabuelos, tíos, tías, etcétera. De ellos y a través de ellos has recibido muchos valores, principios, creencias y elementos vitales para tu vida, como son tus genes y la vida misma, que aún conservas y que probablemente tú estás trasmitiendo a tu entorno y a tu descendencia, si la tienes. Envíales tu gratitud y silenciosamente recibe el legado que ellos te siguen enviando desde donde están, si te sientes cómodo y orgulloso con ese legado. Si, por el contrario, sientes que una parte de ese legado no es sana para ti o tu familia, firme pero amorosamente diles a esos ancestros que quieres cortar ese legado que es doloroso y pesado para ti; que decides no ser más parte de esa cadena de trasmisión de lo que tú consideras no es un valor sino una carga o una distorsión de un valor. Pide ayuda a fuerzas de luz superiores para cortar esas cadenas: Dios en alguna de sus manifestaciones como Jesús, María o cualquiera de las formas sagradas en las que creas, o sencillamente la Luz creadora del universo que puede crear y destruir. Siéntete libre de esas cadenas, los perdonas por esa carga que te han legado, pero libre y voluntariamente se la retornas a ellos o la entregas a Dios para que Él la disuelva.

Estos rituales misteriosos cortan lazos y permiten a tu subconsciente liberarse de programas familiares firmemente fijados en él y que pueden ser patológicos. Existe la posibilidad de que en unos años comprendas la utilidad de algo que consideras negativo ahora. Es parte de la madurez y será bello para ti y tus ancestros que llegues a esas comprensiones. Pero puede que sea al contrario y tus ancestros, muchos de ellos en planos espirituales, escucharán tu mensaje y comprenderán que algunas de sus ideas y actitudes no fueron saludables para ti y eso les permitirá recapacitar y mejorar. No olvides que en el mundo espiritual se sigue evolucionando. Aunque hayan fallecido, siguen siendo seres vivos con un cuerpo espiritual capaz de escuchar tus sinceros mensajes del corazón.

Mensajes de vida

A continuación, te doy ejemplos de lo que pueden ser mensajes de vida para tus familiares. Son escritos cortos que resumen algún mensaje especial que te gustaría dejarles.

Carta a Antonia

La siguiente carta la escribió una amiga y paciente, Adriana Mora Corredor, unos días antes de emprender un viaje de vacaciones con su marido durante el cual dejaría a su pequeña hija Antonia a cargo de su madre. Hacía poco había asistido a uno de los talleres sobre mi libro *Experiencias con el Cielo* y al hacer conciencia de que la muerte es un evento inesperado y que durante el viaje podría ocurrir un accidente en el cual fallecieran ella y su esposo, decidió dejar por escrito un precioso mensaje a su hija, por si llegara a suceder ese evento que afortunadamente no ocurrió. Entregó esa carta a una de sus hermanas, una tía de Antonia, quien la guarda para que, en caso de morir Adriana, la hija cuente con ese tesoro, un mensaje de amor y de vida de su madre. Este libro surgió a partir de esa idea.

Carta a una hija

... Lo primero que quiero que acordemos es que yo cambié de estado, es decir, no me fui... me transformé.

Tal vez estabas acostumbrada a verme, a oírme. A partir de ahora podrás sentirme.

Tal vez sea raro al comienzo, pero Dios te ayudará...

... Te pido, mi princesa, que seas feliz. Que luches por tus ideales y que seas leal a ti misma. BUSCA SIEMPRE DENTRO DE TI, ahí están todas las respuestas...

... Quiero dejarte en esta carta la herramienta más importante para la vida: siempre, sin importar tu edad ni las condiciones de tu vida, SIEMPRE, busca a Dios.

Tu mamá

Si piensas en tus hijos, sobrinos, nietos o personas jóvenes muy queridas por ti, puedes dejarles sugerencias que les serán útiles a lo largo de su vida. Este puede ser un regalo maravilloso una vez no estés en este plano y una forma de mantener el vínculo.

Algunos de los mayores miedos de quienes tienen hijos menores es no poderlos acompañar en etapas fundamentales como la adolescencia y el inicio de la juventud, o no poder brindarles algunas palabras en momentos de dudas trascendentales, de peleas o de fragilidad. A muchos padres se les rompe el corazón y los llena de temor pensar en no poder estar presentes cuando sus hijos los necesiten.

Aunque suene contradictorio, esa es precisamente la razón por la que es necesario reflexionar sobre nuestro legado. Escribir mensajes de vida para nuestros hijos es una labor profunda e íntima. Nos obliga a pensar qué es lo verdaderamente relevante, para enfocarnos en lo trascendental. Así mismo, si pensamos en dejar mensajes de vida a diferentes personas, es pertinente considerar la relación particular que tenemos con cada uno.

Dentro del mensaje de vida puedes incluir desde los valores que consideras más importantes hasta las emociones hermosas y profundas que te ha generado la relación con esa persona. Si comparten pequeños rituales sencillos como leer o tomar un café, puedes recordarle que seguirás presente en esos rituales, aunque ya no te pueda ver. Es posible recomendarles lecturas o conversaciones con personas que para ti hayan sido importantes en el momento de un duelo o en momentos difíciles, planteando de esta manera herramientas para su vida. También puedes dibujar de manera sencilla, incluso con trazos infantiles, elementos con los que ustedes se identifiquen: corazones, flores, caras felices o una mascota, si la tienen.

El contenido del mensaje dependerá tanto de ti como de la persona a quien se lo escribas. Pero, de cualquier manera, es importante que el tono refleje el amor que sientes y no permitas que algún problema o discusión se cuele en este importante regalo de amor.

Al no saber cuándo será nuestra partida, podemos actualizar o incluir mensajes adicionales cada cierto tiempo (cinco o diez años).

Si sufres una enfermedad terminal y estás haciendo este ejercicio como parte de esa valiente y amorosa despedida, puedes pensar en otros regalos que quisieras que tus seres queridos recibieran en sus días especiales (cumpleaños, grado, matrimonio, etcétera). La idea no es cargarte de emociones de nostalgia o hacer más difícil tu proceso. Es tan solo una idea que puede ser útil para ti y tus seres amados.

En tu *Legado de amor* encontrarás un espacio para dejar mensajes especiales de vida. Ver página 180.

Segundo legado: tesoros y recuerdos

Al realizar el ejercicio de reflexionar sobre tu legado, puede aparecer un interesante capítulo de tu historia. Aunque no pretende convertirse en una autobiografía, sino en relatos que permitan a tus allegados conocer un poco más sobre eventos, anécdotas o sucesos que por algún motivo fueron importantes para ti, tal vez nunca los compartiste y ahora consideras relevante o simplemente divertido que los conozcan.

Pensar en eventos de tu infancia, anécdotas de tus años de colegio, algún profesor que fue importante, una tradición familiar, alguna conversación que tuviste con tus padres o abuelos, un viaje, o la manera en que viviste un hecho histórico de tu país, te permitirá plasmar fragmentos importantes de tu vida que sin duda serán valiosos para tus seres queridos en el momento de tu partida. Adicionalmente, puede suceder que, al recordarlos, se abra la oportunidad de compartirlos en alguna charla con tus familiares y amigos.

En este espacio puedes enunciar las historias, eventos o anécdotas que quisieras compartir.

¿Qué eventos fueron importantes para ti a nivel familiar, académico, deportivo, o de alguna afición? También puedes describir algún viaje, algún trabajo o tu relación con algún amigo.

Actividad
Las anécdotas de mi vida

En tu cuaderno de trabajo *Legado de amor,* página 181, encontrarás un espacio para escribir tus relatos, eventos o anécdotas, o una pequeña autobiografía si deseas compartirlos con tu familia o allegados.

Tercer legado: la gratitud

En tu *Legado de amor* te invitamos a dejar por escrito los mensajes de gratitud que desees. Es posible que para ti agradecer sea algo natural y frecuente; si ese es tu caso, mantén esa maravillosa práctica. Si crees que es un hábito que puedes implementar en tu vida cotidiana, busca la forma de hacerlo, de tal manera que se vuelva algo natural en ti. La gratitud real es algo que se percibe; es a veces la única forma que tenemos de retribuir los invaluables servicios que la vida nos da a través de muchas personas y situaciones.

A veces olvidamos detenernos y agradecer a quienes de una u otra manera nos han ayudado. Tal vez consciente o inconscientemente lo dejamos "para después". Reconocer de manera honesta y sencilla lo que hemos recibido en diferentes aspectos a lo largo de nuestra vida nos permite sentir gratitud.

Manifestar agradecimiento a quienes han impactado positivamente nuestra vida permite aligerar un poco más la maleta que llevaremos en el momento de nuestra partida. Recuerda, además, que recibir este tipo de mensajes dará consuelo a quienes posiblemente estarán tristes al no tenerte cerca y este es precisamente uno de los principales motivos para realizar las tareas que propone el *Legado de amor*.

Actividad
Agradecer

Los agradecimientos que vas a dejar a tus seres queridos no tienen una jerarquía especial; sabemos que no quieres que alguien se moleste por el orden en que es nombrado. Como seguramente tienes muchas personas a quienes agradecer, algunas de ellas en el Cielo, te sugerimos que para facilitar tu tarea lo hagas en orden cronológico, aunque puedes escoger hacerlo como lo desees o te quede más fácil. Puedes escoger sencillamente escribir unos sobres con mensajes de gratitud.

Con seguridad aparecerán muchas personas y eventos a quienes y por los cuales dar gracias; escoger entre tantas posibilidades puede ser complejo, por no decir imposible, si quisieras agradecer a todos los que han tocado positivamente tu vida. A eso le podemos añadir la dificultad de que a muchas personas valiosas no les puedes agradecer, porque no las has vuelto a ver y tal vez ni siquiera sabes su nombre. Por ejemplo, la enfermera que te atendió con amor en la clínica en un momento de enfermedad, alguien que te ayudó a levantar al caer en la calle, quien te cedió el paso en un momento de urgencia o te ayudó a cambiar una llanta. A estas personas que recuerdas como ángeles anónimos que se cruzaron en tu camino sin pedirte nada a cambio puedes enviarles mensajes de gratitud y bendiciones con el pensamiento o la oración. Seguro aportan una energía extra de amor que a todos nos es positiva, tanto al que la recibe como al que la envía.

Podrás tener otros recuerdos muy concretos, donde aparece en tu mente la cara y el nombre preciso de quien te auxilió, te ayudó o inspiró, puede ser un amigo o familiar que, en un momento de dificultad, te motivó con sus palabras, el optimismo que te impregnó una persona cercana en una situación crítica, la dedicación y el cariño de un médico, la paciencia de un profesor, la compañía de un hijo, las enseñanzas de un abuelo o el amor incondicional de tus padres.

Por ello te sugiero que hagas unas frases de gratitud en general para aquellos que tocaron tu vida positivamente y, luego, a tus seres cercanos. Puedes aprovechar que aún estás con vida terrenal para darles las gracias a muchos de ellos en la mejor forma que puedas: hablándoles directamente, o enviándoles un mensaje de texto, un meme de gratitud, un corto video sobre el agradecimiento, etcétera. La tecnología nos permite hacerlo de muchas y bellas maneras. Lo importante es la sinceridad con que lo haces, no simplemente reenviando un mensaje de gratitud a toda tu lista de contactos. Si lo deseas, en tu cuaderno de trabajo *Legado de amor* encontrarás un espacio para dejar tus mensajes de gratitud (ver página 182).

Cuarto legado: los regalos materiales y formales

El día de tu muerte sucederá que lo que tú posees en este mundo pasará a manos de otra persona. Pero lo que tú eres será tuyo para siempre.

Henry van Dyke

Repartición de bienes

Existen muchos temas sobre los que quizás solo nosotros tenemos conocimiento: por ejemplo, la existencia de un seguro, un negocio, alguna cuenta bancaria, un escondite o "caleta", personas beneficiarias o alguna deuda.

Tener ordenados los asuntos materiales y, en lo posible, que alguien más tenga conocimiento de ellos, facilita enormemente la tarea de nuestros seres amados en el momento de nuestra partida.

Recuerda que será un momento muy complicado para tu familia, en el que no les será fácil tomar decisiones en diferentes aspectos. Tú les puedes aliviar esa tarea.

Un acto de amor, sin duda, es tomarnos un tiempo, ahora que lo podemos hacer, para ordenar esos aspectos.

No se requieren grandes informes. Basta con un listado, algunos contactos y, si se puede, es muy útil incluir las claves de las cuentas bancarias o asegurarte de que alguien de tu familia o una persona cercana de toda tu confianza las conozca y tenga instrucciones claras de qué hacer cuando faltes. Como no sabemos el momento en que partiremos, vale la pena crear la rutina de actualizarlo con frecuencia.

Aunque la ley indica cómo repartir la herencia económica, muchas familias tienen confusión sobre cómo distribuir las pertenencias de quien se ha ido. Este tema sigue siendo, para muchos, motivo de grandes discordias, desacuerdos y rupturas familiares por las múltiples interpretaciones que cada persona da a los derechos que tiene sobre un determinado bien o patrimonio familiar. Si dejamos las cosas lo más claras posible, evitaremos un dolor adicional a la familia.

Sin embargo, recuerda que no siempre puedes evitar que cuando partas surjan discusiones, en especial si los temas económicos y materiales han sido motivo de fricción en tu familia. Según tu situación particular, tal vez prefieras hacer algunas de estas aclaraciones en una notaría y dejar tu testamento debidamente registrado, nombrar un fideicomisario si así lo consideras necesario y, en este cuaderno, tu *Legado de amor*, dejar por escrito las otras disposiciones sobre posesiones personales como ropa, libros, obras de arte, autos, etcétera.

Puedes tomarte un tiempo ahora para pensar y escribir cuáles son los temas más importantes que te gustaría ordenar.

Instrucciones para tu familia acerca de la repartición de tus bienes

Si prefieres dejarlos en total libertad, vale la pena que lo aclares, pues para ellos será muy útil. ¿Quisieras en cambio que algo especial de tus posesiones sea para alguien específico? Recuerda que es un momento importante para observar en tu corazón a quiénes les quieres demostrar gratitud. No tiene necesariamente que ser algo de gran valor económico, sino una forma de expresar tu cariño o agradecimiento. ¿Te gustaría que algunas cosas se rifen entre tus allegados, o que cada uno escoja lo que quiera u otra parte se done a personas necesitadas?

Actividad
El legado material

En tu *Legado de amor* encontrarás una guía que te puede servir para dejar las instrucciones pertinentes, la cual confío que le facilitará el trabajo a tu familia.

Puedes reflexionar sobre cómo quisieras que se repartieran tus pertenencias por ítems específicos:

· Ropa
· Libros
· Joyas
· Obras de arte (algo tan sencillo como poner al respaldo del cuadro el nombre de la persona a quien se lo dejas en legado facilita confirmar la veracidad de tus deseos)
· Mobiliario
· Tecnología: computador, equipos de sonido, iPad, etcétera

¿Cómo deshacer tu cuarto en caso de que sea pertinente?

Para muchas familias, deshacer el cuarto del hijo, del padre o de la madre fallecidos representa un momento extremadamente difícil. Es como si al hacerlo, se desvaneciera la última huella que pueden conservar de su ser querido. Deshacer el cuarto o la casa de nuestros familiares más cercanos supone un esfuerzo especial, ya que cada cosa que se toca y sobre la cual se piensa cómo disponer evoca un tropel de recuerdos de todos los matices, de forma tal que con frecuencia las lágrimas inundan involuntariamente el rostro de quienes hacen la labor. Por eso, cuando el tiempo y las circunstancias no apremian —como cuando hay que entregar una vivienda en arriendo cuyo plazo de entrega ya está por vencerse—, muchas familias postergan esta labor. Cuando queda un miembro de la pareja vivo y lo que hay que hacer es deshacerse de la ropa y las pertenencias personales de quien trascendió, puede ocurrir lo mismo: postergar para evitar el dolor.

Por supuesto que no es la regla. Según el estilo de la persona que se queda, algunos, cuya dinámica es enfrentar lo que trae la vida con aceptación y realismo, al día siguiente ya tienen dispuesto todo para donar o repartir entre allegados y familiares. Sea cual sea el estilo, si se tienen directrices sobre cómo repartir las pertenencias y deshacer el cuarto, aunque sea penoso, la tarea será más fácil.

En tu cuaderno de trabajo *Legado de amor* encontrarás un espacio para dejar claros tus deseos al respecto (ver página 185).

Animales

No saber quién cuidará de una mascota puede impedir que el viaje de alguien que parte al Cielo sea liviano; no solo el apego, sino la responsabilidad que se siente hacia ese gran amigo a quien se deja en este plano son un lazo que ata con fuerza. Si se tiene la tranquilidad de que el fiel amigo tendrá un hogar seguro, esa partida puede ser más sencilla. Si tienes mascota, deja por escrito a quién le pides que la cuide, pero intenta hacerlo verbalmente también, sin que eso signifique que atraes la muerte ni que la estás anticipando. Si tienes posibilidades de dejar un legado económico para cuidar al animal, no está de más que lo hagas, cuando la persona que lo podría cuidar no cuenta con ese recurso.

¿Qué instrucciones especiales que no estén contempladas en las líneas anteriores quieres dejar a tu familia?

En tu cuaderno de trabajo *Legado de amor* encontrarás un espacio para dejar claros tus deseos al respecto (ver página 189).

Aspectos económicos y legales

Si bien en este espacio puedes incluir cuentas bancarias, ahorros, bonos, seguros, inversiones, etcétera, por ser esta una información confidencial, puede que prefieras entregar estos datos a una persona cercana y no escribirla en este libro de trabajo. Lo importante es que recuerdes que es esencial que alguien tenga esta información. Puede ser práctico enviar un correo cuyo asunto sea: "Por si falto" con esos datos a las personas que lo consideres pertinente.

Quinto legado: sanar, perdonar y ser perdonado

El perdón no cambia el pasado, pero amplía el futuro.

Paul Boese

Una de las herencias que dejamos y nos dejan las personas con quienes convivimos, ya sea por corto o largo tiempo, son las huellas que nos ocasionamos, producto del trato durante la interacción mutua. Somos seres modelados tanto por las fuerzas de nuestra personalidad y el alma como por la personalidad de aquellos que nos rodean y sus circunstancias. Las interacciones cotidianas aparentemente sencillas con los que convivimos pueden dejar marcas dolorosas. Reflexionar acerca del legado que nuestro actuar marca en la psiquis y en la vida de quienes están cerca es uno de los objetivos básicos de este legado, en el que te invito a reflexionar sobre el error, tanto los que han cometido otros contigo, como los que tú has hecho.

Esta actividad no busca activar nuestros traumas o hacerlos presentes y dolorosos; tampoco agravar tu culpa ni tu rabia. Lo que se busca es que puedas sanarlos mediante el trabajo del perdón consciente.

No siempre podremos reparar los errores o ser perdonados. Eso no implica que debamos quedarnos con nuestra culpa. El perdón de nosotros mismos es el que realmente nos traerá la paz; de eso se trata, de que tengas paz, no de que intentes revertir hechos irrevertibles. Eso excede incluso la potestad de Dios. En el poder de Dios sí está perdonarnos, esto se produce a cada instante si nuestra petición de perdón es auténtica y si nos perdonamos a nosotros mismos.

A todos nos han ocurrido eventos en los que hemos herido a otros o nos han herido, consciente o inconscientemente. El objetivo no es centrarse en lo injusto sino en la capacidad de perdonar y comprender que casi todos los seres humanos pasamos por situaciones difíciles, que potencian nuestros talentos si nos damos la posibilidad de no encajonarnos demasiado tiempo en el papel de ser víctimas. Grandes personajes de la historia tuvieron infancias difíciles, con muchas privaciones y familias disfuncionales; a pesar de eso, ayudaron a transformar positivamente el mundo. Utilizaron la sabiduría que obtuvieron de superar su trauma como incentivo para aportar ideas y actos positivos a su comunidad.

Puede ocurrir que no seas escuchado o comprendido como tú quisieras. Procura no juzgar; lo que quieres es tener paz, no la razón.

No siempre nuestros puntos de vista son sensatos o lógicos para otros, así creamos que nos asiste toda la razón. Es posible que la persona con la que tienes dificultades también piense que tiene toda la razón. Intenta comprender su punto de vista.

Independientemente de las dificultades y diferencias, hay personas que, a pesar de haber sido maltratadas, no maltrataron a su vez e intentaron comportarse con ética, sin excusarse en el hecho de que a ellos los trataron injustamente para darse el permiso de lesionar a otros. Una de las grandes pruebas que debemos aprender a pasar durante nuestra existencia en este planeta es la de devolver bien por mal. Cómo nos comportamos en las dificultades es un reflejo de nuestro proceso espiritual. Sin embargo, recuerda que la idea en este legado no es pretender que si alguien te hizo algo injusto no te puedas defender, incluso denunciarlo y tomar las respectivas medidas legales y sociales para que no se repita. Sin embargo, no siempre esto es posible, y hacerlo no necesariamente te proporcionará paz, que es el propósito de este legado. Perdonar sí te la proporciona.

Es posible que, aunque te hayas esforzado por actuar bien, te hayan traicionado, utilizado o engañado. A pesar de eso, te invito a mantener tus condiciones de bondad y a deshacerte del resentimiento por medio del perdón; procura mantener tu buen obrar en cualquier circunstancia comprendiendo que, aunque hay excepciones, en general las buenas obras sí tienen buenos resultados. Es el verdadero legado que dejas. Quienes te hirieron o te engañaron tendrán el resultado de sus actos en algún momento de su vida. Debemos dejar que el destino se haga cargo, las leyes del universo actúan para todos, aunque no sepamos cómo lo hacen.

No está de más reflexionar si fuiste tú quien en ciertos momentos actuaste en forma injusta o abusiva, si maltrataste o calumniaste o te comportaste con crueldad o maldad. Errar es parte de la vida. Aceptar esto y lograr perdonarnos es de gran importancia, pues la culpa es el enorme peso que va a impedirnos pasar con facilidad al mundo espiritual. Reconocer el error es uno de los temas que debemos enfrentar con más honestidad y autocompasión para poder desatar esos lazos de dolor que construimos con una o varias personas a lo largo de nuestra existencia. Reconocer el error procurando reparar cuando es posible e intentar seria y responsablemente cambiar las conductas que nos han llevado a lesionar a otros.

Pensar en el tipo de huella que personas importantes en nuestra vida nos dejaron y a su vez en la que nosotros pudimos y podemos dejar en los demás constituye uno de los principales elementos que nos llevarán a reflexionar sobre lo que debemos perdonar y aquello por lo cual necesitamos que nos perdonen.

A continuación, encontrarás unas preguntas que te ayudarán en esta reflexión. Podrás responderlas mentalmente o, si lo deseas, escribir en tu cuaderno de trabajo *Legado de amor* o en una libreta personal para ordenar mejor tus ideas y sentimientos.

Actividad
El perdón

- ¿Qué necesitas perdonar?
- ¿Qué necesitas que te perdonen?
- ¿A quién necesitas pedir perdón?
- ¿Por qué quieres pedirle perdón?

Si quieres tratar personalmente un tema concreto de dificultades o ruptura familiar, es sano hacerlo; recuerda expresar tus ideas, ojalá con compasión y no desde la amargura. Es posible que tus palabras sean útiles a toda tu familia; tómate el tiempo que necesites y busca el momento oportuno para hacerlo. Tu alma te dirá cuándo es el momento apropiado, pero no "lo dejes en el tintero".

Visualizaciones que facilitan el perdón

La imaginación es una poderosa forma de sanar nuestro mundo interno. Nos permite acceder a nuestro subconsciente, conocerlo y repararlo de muchas maneras. A continuación, te ofrezco unas sugerencias que te pueden ser útiles para trabajar el perdón. Recuerda que, en este contexto, visualizar es imaginar en tu pantalla mental una serie de circunstancias como si las vieras en una película, evocando sentimientos, emociones y sensaciones. Como la mente es creativa, puedes diseñar un mundo de imágenes simbólicas como, por ejemplo, dar formas a tu cólera o a tu dolor, que pueden ser representadas por fuego, un dragón, una fiera, un niño llorando o lo que tu subconsciente te sugiera. Acá la espontaneidad en la creación ayuda a obtener un mejor logro sanador. Cada cual le puede dar imágenes a sus emociones y sentimientos. Lo que te sugiero es tan solo eso, una sugerencia, y tú la puedes adaptar a lo que tu intuición te muestre.

Para perdonar a alguien que te hizo daño

Para hacer este ejercicio puede ser útil grabarlo con tu voz. Luego escúchalo para seguir más fácil las instrucciones.

Trae a la mente a alguien que tú crees o sientes que te hizo daño voluntaria o involuntariamente, en una o en múltiples ocasiones. Evoca el dolor que esa persona o grupo de personas (en caso de que haya sido un conjunto de personas las que te lesionaron) produjo en ti. Procura visualizarla(s) a tu derecha o a tu izquierda, no al frente, y colócala(s) a una distancia prudente, puede ser a metros o a cuadras de distancia, ya que su energía aún puede ser tóxica para ti, a pesar de que quieras perdonarla(s). Recuerda que, aunque hay eventos en los que es evidente que alguien te hizo daño, por ejemplo, en casos de abuso de cualquier tipo, robo, estafa, agresión, etcétera, en los cuales es obvio que hubo un claro propósito de herir, hay otras situaciones que te ocasionaron dolor, en especial con padres, pareja, amigos o hijos, en las que es tu interpretación de sus actos lo que te hirió y ellos no necesariamente actuaron queriendo hacerte daño. En ambas te sientes agredido, pero son casos diferentes. Comprender la diferencia en la intención puede ser vital para facilitar el proceso de perdón.

Procura tener claridad sobre si tú has sido parte generadora del conflicto, y si es así, reconocerlo para hacer los cambios que puedas realizar en ti para evitar a futuro situaciones similares.

Cuando tengas a la persona en tu mente repite algo así como:

Te perdono, intento perdonarte. Te libero y me libero de todo el dolor, la rabia y la amargura que tus pensamientos, sentimientos, actos u omisiones, voluntarios o involuntarios, ocasionaron en mí.

Repite lentamente esa frase dos o tres veces.

Visualiza que de tu cuerpo sale el dolor, la rabia o amargura con la imagen que le quieras dar; puede ser un fuego, un animal, un rayo o un color con alguna forma, e intenta "ver" mentalmente cómo esa imagen que simboliza tu dolor emerge de tu cuerpo y sale hacia el universo, hacia un océano, un lago, un volcán, una selva o donde quieras imaginar y allí se disuelve.

No te puedo liberar de las consecuencias de lo que hiciste; eres el único responsable de tus actos. Si actuaste equivocadamente, tendrás que responder por ellos en esta o en otra dimensión. Espero que aprendas; es lo que se espera que hagamos con nuestros errores.

Repetir lentamente toda la frase dos veces.

Yo, por mi parte, me hago responsable de sanar las heridas que tus actos produjeron en mí. No quiero cargar más con ese peso, esa amargura ni ese dolor. Te perdono para poder liberarme. Lo que tú hagas con tu vida, responsable o irresponsablemente, es asunto tuyo. El mío es sanar. Por ello te perdono. Al perdonarte, nos desatamos, no sigo estando atado a ti por la rabia, la tristeza o la amargura de lo que hiciste. Quedo en paz.

Repite lentamente esa frase dos o tres veces.
Visualiza que llega un ser de luz con un pote de pintura, es un gel reparador de heridas emocionales profundas, te sonríe y con una brocha grande esparce ese gel en todo tu cuerpo, en especial le muestras tus heridas emocionales, puede ser tu cabeza, tu pecho, el plexo solar, etcétera. Imagina el color, la textura y el olor que tiene ese gel curativo y reparador, deja que penetre en ti y siente su acción en tu interior, sanando fibras emocionales y mentales rotas.
Continúa luego diciendo:

Si lo que me hiciste tuvo que ver con un acto kármico mío en otra vida, te pido perdón.

Puedes repetir esas frases unas cuantas veces, según lo consideres necesario.

Observa cómo la figura de esa persona o grupo de personas se aleja en un barco pequeño que está flotando en un río, que imaginas es el río de tu vida, hasta que llega a un gran océano a lo lejos, el océano de tu memoria, donde se pierde en el horizonte. Ya no lo ves más. Ya no está en tu campo de energía, lo has entregado al pasado. Lo dejas marchar y, si te es posible, lo observas con compasión y perdón. Aceptas el pasado; tu dolor es transformado en sabiduría para poder construir un buen futuro.

Si lo crees útil, haz esta visualización durante varios días seguidos hasta que sientas que hay paz en tu corazón.

Si la persona con quien tienes dificultades es un familiar cercano y debes convivir con él o verlo con mucha frecuencia, es probable que lo que ha ocurrido se repita (discutir, ofenderse, beber en exceso, decir mentiras, etcétera). El hecho de que lo perdones no necesariamente va a cambiarlo, pero sí te puede ayudar a manejar en forma diferente sus agresiones, no manteniéndote como víctima de él, sino con una postura en la cual comprendes que sus reacciones tienen que ver probablemente con una enorme impulsividad y ante eso es mejor tomar prudentes distancias y evitar engancharte en discusiones e ironías que llevan a la violencia; evitar al máximo propiciar los roces. Recuerda que muchas personas saben que con palabras o actos despiertan conscientemente rabia en sus agresores para luego perpetuar sentirse como víctimas. Si crees que esto te ocurre, toma conciencia y evita seguir en ese juego patológico. Observa si puedes hacer algo para mejorar la relación o el diálogo.

Si ese es tu caso, luego de las frases anteriores puedes decir mentalmente algo similar a esto:

La vida ha dispuesto que, al menos por un tiempo, tú y yo debamos vivir juntos. Me comprometo a evitar herirte y procuraré no caer repetidamente en nuestro ciclo de agresiones. Espero poder sacar mi mejor versión en nuestra familia (o trabajo) y no guardar cada día rencor hacia ti, eso me sanará a mí. No puedo controlar tus actos. Oraré por ti diariamente. Intentaré no tomar nada de lo que dices o haces como algo personal, sino como parte de un desequilibrio tuyo.

Puedes repetir esas frases unas cuantas veces, según lo consideres necesario.

En ambos casos, procura no dejar que tu mente repase a cada rato lo que te ocurrió, ya que con eso sencillamente grabarás más profundo el trauma. Si sientes que es indispensable recordarlo, ojalá lo hagas en compañía de alguien que te pueda ayudar y dar soporte, como un terapeuta, un buen amigo o alguien en quien puedas confiar. En lugar de enfocar tu mente en lo que ocurrió, busca enfocarla en las diversas cosas que puedes hacer para construirte un mejor futuro. Millones de personas nos han mostrado que han superado terribles agresiones perdonando a sus victimarios y consagrando sus esfuerzos a sacar adelante sus proyectos de vida con dedicación.

Otra forma de procesarlo es escribir lo que te ocurrió, finalizando con una frase como esta:

*Acepto que esto que ocurrió fue muy traumático para mí,
pero he decidido no cargar más con este dolor. Lo dejo ir.
Cierro esta página de mi vida; hacerlo me permitirá
construir
un futuro mejor.*

Luego pones la carta al fuego o la entierras, pidiéndole a la fuerza de la naturaleza que te ayude a disolver tu dolor de la misma forma que el fuego quema el papel o la tierra lo disuelve.

Visualización para pedir perdón

Trae a tu mente a alguien a quien sabes que le hiciste daño voluntaria o involuntariamente con tus palabras, actos u omisiones. Sinceramente dile:

Te pido perdón por todo el daño, sufrimiento y dolor que te causé voluntaria o involuntariamente con mis palabras, actos, omisiones e incluso con mis pensamientos. Pido a Dios que te repare en alguna medida lo que mi ignorancia, mis miedos, mi egoísmo o mi cólera te ocasionaron, ya que sé que hay cosas en ti que yo no puedo sanar, pero Él sí. Sé que Dios escucha la oración sincera y mi oración es sincera. Si me es posible, yo también repararé con mis palabras y actos lo que me sea posible reparar. Me comprometo a intentar evitar repetir esas conductas contigo o con otros. Te pido perdón.

Puedes repetir esas frases unas cuantas veces, según lo consideres necesario.

Imagínate que puedes recibir el perdón del alma de esa persona y que esto te ayuda a mejorar y a sanar los miedos, la confusión, el orgullo, la rabia o lo que fuera que te haya impulsado a herir a otros. Siente la paz, la humildad y el deseo de mejorar que te brinda pedir perdón. Si te es posible hacerlo en forma personal o escrita, aunque sea más difícil, es probable que el resultado sea mejor. A veces la persona a la que se le pide perdón no lo otorga porque no cree en ti, porque tiene mucho dolor, o por muchas otras causas. No te desanimes, hiciste lo que te correspondía, que es ofrecer excusas, pedir perdón y procurar transformarte en un mejor ser humano. Lo esencial es que tu vocación de cambio sea real y te comprometas sinceramente a evitar hacer daño a otros con tus pensamientos, palabras, actos y omisiones. Es una excelente forma de sanar los errores que todos hemos cometido al lesionar a otros.

Para perdonarse uno mismo

Visualiza que llevas un fardo, un saco o como te imagines que es la carga de un error cometido, o de varios, que te pesan en el corazón y en la mente. El peso de la culpa. Imagínate cerca de un río, el río de tu vida, por el cual viene un velero pequeño con un ser de luz, un ángel o similar que es un enviado de tu alma. Le entregas ese saco con el peso de la culpa y dices:

Te entrego el peso del dolor por mi error, por mis faltas, el peso de mi culpa. Acepto que me equivoqué con mis pensamientos, decisiones, palabras y obras. Ya comprendí y aprendí.

Sé que cargar ese peso no repara lo que hice por ignorancia, voluntaria o involuntariamente. Sé también que la vida me da la oportunidad de hacer buenos actos y aprender diariamente de lo que yo considero errores pero que en realidad son procesos normales de madurez y aprendizaje. Por ello, porque comprendo eso, me perdono y acepto que puedo ponerme en paz con mi pasado y conmigo mismo.

Puedes repetir esas frases unas cuantas veces, según lo consideres necesario.

Reconozco en mí el anhelo de reparar lo que pueda y de ser mejor persona. Para ello me deshago de la culpa, la cual solo me produce amargura, infelicidad y rabia conmigo mismo. Me perdono para liberar a mi espíritu de esas cargas que me impiden ser la mejor persona que sí quiero ser. Me perdono, me libero de la culpa.

Puedes repetir esas frases unas cuantas veces, según lo consideres necesario.

Te pido, alma mía, que me ayudes a sanar y que contigo pueda hacer en mi vida buenos actos que sirvan en alguna medida a los que me rodean, que tenga buenos pensamientos, sentimientos y emociones y que cuando tenga temor, rabia o emociones que me induzcan a actuar destructivamente, me ayudes a hacer una pausa y respirar varias veces, para así poder tomar una buena decisión sobre mis impulsos. Me perdono para poder ser mejor.

Puedes repetir esas frases unas cuantas veces, según lo consideres necesario.

Como pedir perdón y perdonar es generalmente muy personal, te sugiero dejar sobres con escritos al respecto para las personas que consideres que quieres perdonar o que te perdonen para facilitar este proceso de sanación. Ojalá que antes de que la muerte te lleve de regreso al mundo espiritual, hayas procurado lograr esa sanación de vínculos en forma personal.

Sexto legado: rituales de despedida y voluntades finales

¿Cómo comunicarnos después de la muerte?

El ritual de despedida o funeral es tal vez uno de los eventos más significativos, emotivos e importantes en la elaboración de un duelo. Durante las exequias, las personas cercanas desean manifestar su amor tanto al que se fue como a sus allegados. Puede volverse un caos de emociones, un evento de amor, un homenaje sincero o un pesado acto social. Es tal vez una de las más profundas revisiones de vida que hará el que parte hacia el mundo espiritual.

Los rituales de despedida son de enorme valor, tienen mucho sentido. El colectivo humano, ya sea en forma consciente o inconsciente, tiene la certeza de que algo de aquel que murió continúa vivo y recibe ese homenaje de despedida. Es el último contacto público con el grupo humano en el cual vivió. La carga emocional que se mueve es enorme, tanto, que usualmente no se usa el lenguaje verbal. Más que palabras hay un silencio respetuoso, lágrimas y abrazos. Comprendemos que el lenguaje verbal es muy pobre para un momento tan profundo y por eso empleamos una forma de comunicación diferente. Usamos por excelencia el lenguaje corporal: la sonrisa que intenta consolar, el apretón de manos, la palmadita en la espalda, acompañados tan solo de frases cortas que siempre nos parecen inútiles... y confiamos en que el abrazo, la sonrisa o la palmada lleven nuestro mensaje de amor y consuelo.

Cuando el acompañamiento que se hace es real, nuestro corazón se abre para expresar con esos gestos nuestro cariño y empatía, el intento por ser útiles y estar presentes y solidarios en un momento de dolor. De alguna forma intuimos que, aunque no repara la herida del duelo, la compañía de muchos amigos es mejor a la soledad, así el doliente, en su shock emocional, no se dé cuenta quién lo saluda. El amor de muchos lleva la semilla de la curación.

Este lenguaje corporal es el que usamos cuando acompañamos al doliente, al allegado, al familiar o al amigo cercano. ¿Cuál es el lenguaje que usamos cuando nos despedimos del que se va al mundo espiritual, del que ha fallecido? Nuestra presencia es el primer mensaje. La persona que murió o alguien cercano a ella es significativo para nosotros y hacernos presentes en el funeral es una manera de decirlo. Luego, si existió verdadera cercanía con quien murió, algo muy dentro de nosotros nos impulsa a darle un mensaje de despedida. ¿Cómo lo hacemos? Le hablamos en silencio, con el lenguaje mental, con el lenguaje del corazón. De alguna forma sabemos que quien ha partido puede comprender nuestros pensamientos hacia él, nuestros sentimientos y silencio, nuestras lágrimas.

En la cultura Occidental es frecuente que quien se despide de un ser querido se acerque al ataúd, tal vez se arrodille y se quede unos minutos en silencio, ya sea orando o dándole un mensaje mental de despedida. Hacer esto ayuda enormemente a procesar el duelo. Es iniciar una nueva forma de contacto luego de que la persona deja su cuerpo físico. Es reconocer que el mensaje llega a aquel que amamos, solo que ahora el lenguaje no es verbal sino mental. Aunque no conocemos con exactitud dónde se encuentra nuestro ser querido, tenemos la presunción de que nuestro mensaje, de alguna forma desconocida, llega hasta él. Y eso nos alivia a nosotros... y a él.

¿Será esto fantasía y un intento fútil de consolarnos pensando que nuestro ser querido sigue vivo cuando en realidad no existe en ningún plano, tal como lo aseguran varias corrientes filosóficas? Cada uno lo decide. Testimonios valiosos de personas que tuvieron experiencias cercanas a la muerte (E.C.M.) describen que, estando desprendidas de su cuerpo físico, el cual estaba clínicamente muerto, podían escuchar tanto las voces como los pensamientos de las personas que estaban cerca de su cuerpo inerte o de quienes, estando lejos, las estaban pensando y se hallaban preocupadas por su salud. Todo indica que al nivel espiritual hay una preciosa red de comunicación que lleva de un plano a otro, de un lugar a otro, los mensajes entre mentes y corazones, ya sean verbales, escritos o mentales.

"Dejarlos ir en paz"

Sin embargo, algunas creencias sugieren que no se le debe hablar al espíritu de quien ha fallecido para no causarle apegos o impedimentos emocionales que obstaculicen su viaje. En resumen, no comunicarse con ellos de ninguna forma para dejarlos ir en paz. Este obstáculo para viajar en paz al Cielo solo ocurre, según relatan las personas que han tenido E.C.M., cuando se les habla con reclamos, con lamentos y dolor excesivos. Esa desmedida expresión de dolor de la persona que se queja por la muerte de su familiar o amigo produce un campo perturbador que sí afecta la conciencia de quien ha fallecido o está teniendo una E.C.M.

¿Cómo podemos conciliar estas dos ideas, la de la tendencia innata a hablar mentalmente con la persona que falleció para procurar comunicarnos nuevamente con ella y el mandato popular de no hablarles nada para no atarlos a nuestro mundo, para "dejarlos ir en paz"? ¿Tal vez podemos ayudar a nuestros seres queridos a solucionar ese dilema? Ciertamente es posible y en tu *Legado de amor* lo puedes hacer. A continuación, encontrarás unos ejemplos que te pueden servir de guía para tu legado.

Cuando parta al Cielo me gustaría que me hables tal como me hablabas cuando estaba en la Tierra. Lo puedes hacer en voz alta o mentalmente, o si lo deseas me escribes. Recibiré todos esos mensajes ya que en el mundo espiritual se escuchan con claridad los mensajes del corazón.

Cuando parta al Cielo no reclames mi muerte ni la forma en que ocurrió. No te culpes por no haber podido hacer algo para impedirla, por no haber pasado más tiempo conmigo o por haber hecho algo que ahora consideras inadecuado. En lugar de ello, aprendamos a comunicarnos de una nueva forma. Yo te escucho con certeza, tal vez tú no me escuches, pero ambos sabemos que existimos, que nos reuniremos luego en el Cielo y entonces tendremos muchas cosas para contarnos.

Cuando viaje al Cielo, me gustaría que me compartas tu vida. No tienes que sentirte obligado a hacerlo, pero cada vez que pienses en coger el teléfono para una llamada o un mensaje de chat y te acuerdes de que ahora no lo puedo recibir en la forma como acostumbrábamos, envíame una llamada mental con tu corazón y si quieres me escribes un pequeño mensaje. Eso nos ayudará a los dos a acostumbrarnos a esta nueva forma en que yo te acompaño y tú me acompañas.

Actividad
La comunicación con mis seres queridos

En tu *Legado de amor* tendrás espacio para lo que desees escribir sobre cómo quisieras que se comuniquen contigo tus seres más queridos (ver página 196).

Detalles concretos para el ritual de despedida

Recuerda que, al hacer este ejercicio, lo que buscas es aliviar la tarea de tus seres queridos y ayudarles a tener consuelo. Si para ti es difícil escribir esta parte de tu *Legado de amor*, simplemente no lo hagas y deja que tus seres queridos decidan lo que crean conveniente. Si tú dejas por escrito tus voluntades, es importante aclarar a tus allegados que, si algo de ello no se puede hacer, en el Cielo no tendrás ningún problema por eso y no quieres que se sientan culpables o con remordimientos si algo no se pudo realizar tal como tú lo pediste.

También te sugiero que no pienses que estás haciendo algo morboso o que atraiga la muerte. Por el contrario, muchos sabios orientales dejaban claros sus deseos a sus discípulos, precisamente para evitarles discusiones o confusiones y que de esa forma pudieran hacer mejor el duelo. En la cultura tibetana se acostumbra donar algo a seres necesitados en nombre de la persona que falleció y liberar animales cautivos. En nuestra cultura Occidental se dona a fundaciones de servicio, y muchos hospitales tienen pabellones con el nombre de alguien que falleció y en cuyo honor la familia ayuda a dichas instituciones, con el fin de perpetuar el nombre y el legado de quien se partió al mundo espiritual. Naturalmente esto no se puede hacer con todos los que fallecen, pero de pronto puedes pedir que en tu nombre se siembre un árbol, se alimente o eduque un niño, que tus amigos celebren con un partido de fútbol, una reunión de boleros, etcétera; todo esto les ayudará a elaborar mejor el duelo, ya que se centran en algo que significa un homenaje para ti. Piensa qué será agradable para ellos, ya sea tu familia o tus amigos, y pronto verás cómo se te ocurren cosas para hacer amable tu partida y que tengan significado tanto para ti como para tus allegados.

En tu *Legado de amor* puedes dejar estos deseos en forma de peticiones o sugerencias para tus familiares. De nuevo recuerda que esto les facilitará tomar decisiones después de tu partida. Respecto al funeral, puedes dejarlos en libertad de escoger cómo hacerlo o puedes pedir lo que te gustaría. Esto también les ayudará a tomar decisiones.

Actividad
Deseos y voluntades

En tu cuaderno de trabajo *Legado de amor* encontrarás la posibilidad de manifestarlo (ver página 199).

Séptimo legado: inspiración y ánimo / conexión viva / petición y deseos finales

A los muertos no les importa cómo son sus funerales. Las exequias suntuosas sirven para satisfacer la vanidad de los vivos.

Eurípides

Algunos de los objetivos de la vida son dar y recibir amor, servir, intentar ser feliz en alguna medida, perdonar, aprender de los errores y aciertos. Te sugiero dedicar un tiempo con amor y silencio para escribir algo al respecto a tu familia y amigos cercanos. Si quieres añadir alguna petición o deseo que no esté incluido en las posibilidades que hemos revisado, puedes utilizar este legado para hacerlo. Esta es una sugerencia de un sencillo mensaje:

Cuando viaje al Cielo, te pido que confíes en que puedes vivir conmigo en otra forma; tal vez no pueda hacer las muchas cosas que yo hacía para ti, pero tú podrás hacer muchas cosas para ti mismo y por ti mismo. Eso me hará sentir orgulloso de ti, de lo que te enseñé y compartí. Procura ser feliz y hacer felices a las personas cercanas, a nuestra familia. Un beso, te quiero y te seguiré queriendo desde donde sea que mi espíritu viaje.

Actividad
Un mensaje personalizado

En tu cuaderno *Legado de amor* encontrarás el espacio para escribir tu mensaje, comprendiendo que cada persona cuenta con sus propios rasgos personales y nuestra huella es única e irrepetible; así será nuestro mensaje (ver página 202).

Empacar la maleta

El reflexionar sobre la muerte tiene por objeto producir un auténtico cambio en lo más hondo del corazón. Muchas veces esto exige un período de retiro y contemplación profunda, porque solo eso puede abrirnos verdaderamente los ojos a lo que estamos haciendo con nuestra vida.

Sogyal Rimpoché

No empacar culpa ni resentimiento

Tal vez estás leyendo este libro porque tienes una enfermedad seria y comprendes o piensas que existe la posibilidad de que tu alma te esté llamando de regreso al mundo espiritual. Es posible que quisieras estar haciendo otra cosa y no precisamente preparando tu maleta para ese regreso, pero así es la vida y es mejor tomarla con calma y aceptación y tener esa maleta lista. Puede que de pronto ocurra, como sucede muchas veces, que tu enfermedad sane, la muerte pase de largo y se abra de nuevo ante ti la posibilidad de un tiempo mayor de vida en la Tierra. No lo sabemos.

Independientemente de tu situación, si tienes o no una enfermedad compleja, si esta es curable o no, es mejor tener lista esa maleta y vivir ligero de equipaje. Creo que este libro te puede ser útil para realizar esa tarea. No hay una regla fija de cómo vivir ese momento ni cuál sea la mejor forma de empacar esa maleta.

Recuerda, sin embargo, que nos llevamos lo que hemos dado (el resultado de nuestros actos) y la sabiduría que hemos recolectado durante nuestro paso por la Tierra. Como aún estás con vida física, puedes empacar sabiduría y bellos recuerdos de obras de amor en esa maleta. Ten presente también que hay dos elementos de los cuales te debes cuidar al empacar, pues son extremadamente peligrosos y con ellos es más difícil tener un buen viaje al mundo espiritual: la culpa y el resentimiento. El primero es la forma como nos castigamos por nuestros errores, y el segundo es la manera como creemos que castigamos a otros por sus fallas en relación con nosotros.

Todos hemos cometido errores. El viaje por la escuela de la vida en la Tierra es de aprendizaje; no es posible aprender sin cometer errores, ni es sano pretender que otros no los cometan. Por ello insisto en invitarte a no meter la culpa en esa maleta. No vale la pena empacar el dolor que de pronto sientes por lo que hiciste o por aquello que ahora piensas que pudiste haber hecho mejor o de una forma distinta. Tampoco cargues el dolor de los errores que otros cometieron y que golpearon tu vida. Para lograrlo, para di-

solver ese pesado equipaje emocional, la herramienta mágica es
el perdón a nosotros y a los demás.

Perdonar no es olvidar, perdonar es "recordar sin dolor".
Este dolor es precisamente aquello de lo que nos liberamos
al perdonar; dolor que en ocasiones es rabia, angustia, ansiedad,
sed de venganza, inconformidad y otras emociones
que acompañan ese recuerdo.
Muchos de nosotros no perdonamos puesto que asumimos que,
al haber sido víctimas, tenemos el derecho y casi la obligación
de sentirnos insultados o agredidos y, con ello, nos permitimos
llenarnos de una "justa rabia".
Para el recorrido que es la vida solo tenemos una maleta en la
que hemos de empacar lo más liviano y necesario; ese dolor no
solamente es infinitamente pesado, sino que nos remite de nuevo
al pasado limitando para siempre nuestro caminar.

Andrés Venegas A.

El perdón nos deja livianos y eso es precisamente lo que nos
permite viajar en primera clase de regreso al Hogar. En los capítulos anteriores te sugerí un ejercicio sobre el perdón y ahora
te propongo, en caso de que lo necesites, unas reflexiones al respecto. Es diferente pensar en nuestra ida al Cielo cuando estamos
sanos a cuando estamos enfermos. No es lo mismo pensar en viajar cuando estamos en nuestra casa sin ningún pasaje comprado
que cuando estamos en la sala de espera del aeropuerto, y la idea
es poder hablar de los detalles que pueden hacerte agradable ese
viaje sin esconder nada ni titubear para llamar las cosas por su
nombre. Si en la vida normal la culpa y el resentimiento son un
peso muy molesto, en la antesala del regreso puede volverse algo
aplastador.

¿Qué hacer? ¿Es acaso la culpa un instrumento sano de nuestra conciencia? La culpa tiene aspectos positivos, ya que permite que quien la siente haga correcciones o reparaciones, lo cual puede ser muy valioso si luego de reconocer y enmendar el error en lo posible, la culpa desapareciera del subconsciente. Sin embargo, la culpa crónica, sostenida, que invade nuestro mundo interior, lo que logra es empequeñecer, empobrecer y destruir la autoestima; desde esa situación es mucho más difícil corregir, reparar y hacer transformaciones y aprendizajes positivos, convirtiéndose así la culpa en un gran obstáculo para lograr el cambio que se pretende.

Aprender de los errores

Si bien es imposible no cometer errores, ¿acaso no tiene nuestra conciencia otras herramientas sanas para realizar estas correcciones y aprendizajes positivos que no sea la culpa? Si esta fuera útil, la humanidad no repetiría con tanta frecuencia sus errores.

Casi todos en algún momento hemos pasado por la experiencia de sentirnos culpables y señalados. Puede ser el jugador que cometió un error y su equipo perdió el juego, o cuando por una falla voluntaria o involuntaria alguien pierde un trabajo, una pareja, una fortuna, un amigo, etcétera. Aprender de las fallas cometidas es uno de los procesos vitales para el desarrollo de la conciencia, ya que solo quien aprende de ellos puede cambiar las circunstancias, creencias y hábitos que lo condujeron a cometerlos y reparar el daño hecho cuando es posible. Esto es cierto tanto para individuos como para comunidades.

Salir avante del error significa reconocerlo y aprender de él. Investigar cuáles fueron las fuerzas, instintos o hábitos que nos movieron a hacer algo que, según comprendimos luego, no era lo que en realidad queríamos.

Terminada esta tarea, debemos aplicar toda nuestra inteligencia y voluntad en cambiar eso que podemos mejorar para que, si en un futuro se nos presenta una situación parecida, tengamos una mejor respuesta. De lo contrario, estaremos autocondenados a repetir lo oscuro de nuestra historia por no haber querido poner Luz en nuestras fallas.

Las sanas herramientas que nos da la conciencia son el arrepentimiento y la reflexión sobre lo que motivó el error y las consecuencias que este trajo. Esto puede acompañarse de sentimientos de dolor por el daño hecho a nosotros mismos o a otros, por las oportunidades perdidas, etcétera, que pueden volverse culpa, la cual se ancla en lo profundo paralizando o rompiendo la salud mental del individuo, o pueden ser un movimiento de la conciencia que invita a la persona a arrepentirse y transformarse. La decisión de qué hacer con el sentimiento de dolor es propiedad de cada uno. El arrepentimiento sincero se resuelve a través de un deseo de cambio y aprendizaje, junto con el anhelo por reparar el daño hecho cuando este sea posible. Así la persona puede quedar en paz consigo misma, perdonándose y aceptando que toda curva de aprendizaje tendrá su cuota de fracasos y fallas. Nada importante en la vida se ha aprendido sin errores.

En lo personal, creo que uno de los grandes obstáculos para tener paz es pretender que seamos perfectos y que la sociedad exija la perfección donde es imposible. Igual de destructivo es no reconocer las faltas, pues estaremos condenados a repetirlas y sufrir sus consecuencias. Negarse a aprender del error es tan o más desastroso que cometerlo deliberadamente.

La ley del aprendizaje en la vida implica ensayo, error, reflexión, nuevas maneras de hacer las cosas, acierto y, finalmente, aprendizaje. *Cambiar de error* implica aprender del pasado y enfrentar el futuro con una mejor capacidad para resolver situaciones conflictivas, aceptando que, al principio, frente a temas que son novedosos o desconocidos, es posible que cometamos equivocaciones pero que, si estamos dispuestos a asumirlas, el aprendizaje será cada vez más rápido y eficaz.

He aquí un sencillo poema que nos ilustra la idea anterior, tomado de *El libro tibetano de la vida y de la muerte*, titulado "Autobiografía en cinco capítulos":

1. *Bajo por la calle.*
   Hay un hoyo profundo en la acera.
   Me caigo dentro.
   Estoy perdida... me siento impotente.
   No es culpa mía.
   Se tarda una eternidad en salir de allí.

2. *Bajo por la misma calle.*
   Hay un enorme hoyo en la acera.
   Finjo no verlo.
   Vuelvo a caer dentro.
   No puedo creer que esté en ese mismo lugar.
   Pero no es culpa mía.
   Todavía se tarda mucho tiempo en salir de allí.

3. *Bajo por la misma calle.*
   Hay un hoyo profundo en la acera.
   Veo que está allí.
   Igual caigo en él... es un hábito.
   Tengo los ojos abiertos.
   Sé dónde estoy.
   Es culpa mía.
   Salgo inmediatamente de allí.

4. *Bajo por la misma calle.*
   Hay un hoyo profundo en la acera.
   Paso por el lado.

5. *Bajo por otra calle.*

A mayor compasión, responsabilidad y respeto por los demás, menos faltas conscientes haremos, ya que pensar en los otros nos hace estar más atentos a no lesionarlos con nuestras acciones, lo cual nos permite caer en cuenta de la posibilidad de la equivocación aún antes de cometerla. Eso se llama discernimiento, uno de los más grandes talentos del ser humano.

Aprendemos por dos vías: la del sufrimiento o la del discernimiento. El camino del sufrimiento es el camino del error no aprendido. La vía del discernimiento es la vía de la reflexión y la sabiduría, pero a ella se llega cuando se ha transitado un tiempo por la vía del sufrimiento y se ha capitalizado el aprendizaje. Así evolucionamos casi todos.

Perdonar y perdonarnos es un tesoro; es como agua y jabón para las pesadas y dolorosas manchas de la culpa y el resentimiento. No parece que haya una receta exacta para lograrlo, pero tal vez algo común a todos los caminos que conducen al perdón es dejar de recordar obsesivamente lo doloroso que ocurrió en nuestra vida y pensar más bien en los elementos de sabiduría, fortaleza, valentía, alegría y valores similares que nuestro espíritu logró desarrollar a raíz de esos hechos dolorosos. Uno de los propósitos comunes en la vida de todos los seres humanos es fortalecer la resiliencia, es decir la capacidad de recuperarse de situaciones adversas, y encontrar soluciones a los ineludibles problemas y retos que, al enfrentarlos, nos permiten obtener paz, autoestima y contento.

En la escuela de la vida es inevitable que alguien te lesione a veces y que uno, consciente o inconscientemente, hiera a otro en algún momento; la meta no es pegar más fuerte sino levantarse con la mayor elegancia posible y caminar procurando no herir a nadie, ofreciendo servicio y ayuda cuando nos sea posible. Eso da sentido a la vida.

Esto no significa que debamos evitar acciones legales cuando hemos sido víctimas de una injusticia. Por el contrario, podemos emprender todas las acciones sociales y legales necesarias, según las circunstancias, para procurar que los hechos no se repitan. Muchas veces esto no se logra y no es saludable caer en la amargura del resentimiento por esta nueva injusticia. Perdonar no es validar lo ocurrido sino despojarse del dolor, comprendiendo que, aunque no lo veamos a corto plazo, unas fuerzas superiores obrarán para equilibrar las transgresiones a las leyes. Dejar que esa otra justicia actúe, no con resentimiento sino comprendiendo que todo ser, en esta o en otra vida, recibirá el resultado de sus actos hasta que logre transformarse a sí mismo en un buen ser humano, permite quitarse el peso de la amargura, el dolor y la sed de venganza, y así encontrar paz al no tener que encargarnos de tareas que no podemos llevar a cabo.

Tomando decisiones

Red de apoyo en tu enfermedad

Cuando alguien está enfermo, en muchas ocasiones le surge la necesidad de reposar y aislarse. Esto es algo que no siempre es comprendido por la gente que lo rodea y se requiere inteligencia y tacto para comunicárselo al grupo familiar y de amigos. Es indispensable lograr esta buena comunicación para mantener el balance entre el amor, la amistad y el autocuidado.

> ¿Cómo te gustaría que fuera la red de apoyo de tus seres queridos si llegaras a tener o tienes una enfermedad terminal prolongada?

Si esto es algo que te preocupa en este momento, es útil expresarlo con claridad, por ejemplo, diciéndoles a tus amigos mediante un mensaje de texto que por un tiempo te es difícil recibir visitas y que agradeces sus manifestaciones de cariño y apoyo. Si tienes uno o dos amigos con quienes sabes que te sentirás cómodo, les puedes solicitar abiertamente su ayuda y pedirles que además de visitarte y ayudarte sean los portavoces con los demás amigos. Quizás desees hacer lo mismo con tu grupo familiar.

Actividad
Elegir mi compañía

Si lo deseas, tienes la posibilidad de dejar claro en tu *Legado de amor* con quiénes quisieras contar en caso de una enfermedad grave o prolongada (ver página 203).

Ayudas en una enfermedad compleja

Si estás enfermo, ¿qué tipo de ayuda quieres recibir? Recuerda que tu decisión de recibirla o de rechazarla puede cambiar luego. Los avances médicos son sorprendentes y ahora hay logros impensables hasta hace unos años. Sin embargo, todo tiene un límite y cada uno de nosotros tiene un tiempo limitado de estancia en la Tierra. No siempre será fácil saber si, en caso de una enfermedad grave, lo que nos propone el equipo médico que nos ayuda va a sanarnos o si solo va a prolongarnos un tiempo de vida. Este último, un tiempo adicional que nos puede ofrecer ahora la medicina moderna, puede ser un tiempo sagrado durante el cual podemos hacer un trabajo espiritual intenso.

Miles de personas se recuperan físicamente luego de pasar por graves eventos de salud, mientras que otros muchos abandonan su cuerpo y regresan al Cielo luego de una enfermedad crónica seria. En ambos casos, el alma está haciendo un proceso evolutivo, guiada por una fuerza superior de origen espiritual. ¿Cómo decidir cuándo aceptar ayuda y cuándo rechazarla? No hay regla, pero hablar honesta y calmadamente con el médico haciendo las preguntas concretas puede ayudar enormemente.

¿El tratamiento que me ofrece es curativo o paliativo? ¿Qué calidad de vida puedo tener? ¿Qué haría usted si estuviera en mi lugar? Los médicos buscan el bienestar del paciente y si logran apreciar que las preguntas no van motivadas por el miedo, lo más probable es que contesten con franqueza y amabilidad y den una buena orientación. Cuando el temor a morir es el motivador de las preguntas, es probable que el médico dé respuestas tranquilizadoras de carácter general y es posible que el paciente se vea envuelto en complejos tratamientos con bajo nivel de esperanza de éxito y de calidad de vida digna con los cuales se busca simplemente prolongar la vida.

No estoy en contra de estos tratamientos, ya que a muchas personas les ha proporcionado un tiempo de vida extra que les permitió cerrar ciclos, ordenar aspectos materiales, emocionales y espirituales, todo lo cual facilita regresar en paz a Casa. La clave para tomar estas decisiones es el diálogo con la familia y el equipo médico, recordando que cualquier decisión que se tome es susceptible de cambiar y no se está atado a ella.

Un hogar para el final de la vida

En la actualidad las personas son en promedio más longevas y el número de miembros de la familia se ha vuelto menor. Esto hace que no siempre se cuente con algún familiar para cuidar a un adulto mayor o enfermo, lo cual es cada vez más frecuente al final de la vida. Por ello, entre las costumbres sociales recientes, está tomando fuerza retirarse a un hogar para adultos mayores cuando la persona lo crea conveniente. Tomar esta decisión no es sencillo, pero puede aliviar enormemente la vida de toda la familia. Mantener lazos de cariño es algo que no faltará si se han construido antes. Muchas personas van adquiriendo un tinte de amargura con el pasar de los años, debido a las experiencias difíciles que a todos nos ocurren, mientras que, a otros, esas mismas circunstancias los hacen más solidarios, compasivos, humildes y sabios. No es lo mismo cuidar o compartir la vida con alguien amargado y dictatorial que con alguien amable y compasivo. Nuestra vejez es parte del legado pesado o liviano que dejamos a nuestra familia y es algo sobre lo cual sí podemos hacer mucho, incluso antes de que tengamos las inevitables canas y arrugas.

Puede que en algún momento al final de la vida, por enfermedad física, deterioro cognitivo o por el proceso involutivo que frecuentemente ocurre en la ancianidad, un adulto mayor no pueda cuidar de sí mismo, y es posible que en su familia tampoco lo puedan atender adecuadamente por diversos motivos. La sociedad da respuesta a esta necesidad de cuidado especial ofreciendo casas para la tercera y cuarta edad. Muchas personas no se han preparado para esta posibilidad y frecuentemente la decisión la tienen que tomar sus hijos o familiares, a pesar de la negativa del adulto mayor, causando gran dolor a la familia. Te invito a considerar esa posibilidad para el momento en que, por ser mayor o tener una pérdida de las habilidades de autocuidado, debas abrirte a esta nueva etapa de vida, en la cual se pueden hacer nuevas amistades y vínculos, y se abren otras oportunidades de aprendizaje en ese nuevo hogar. Puede ser una preciosa etapa cuando es vivida con amor y una actitud abierta y positiva.

No sabemos cuáles podrían ser las circunstancias de salud que impliquen que nuestra familia, aunque no lo quisiéramos, nos tenga que llevar a una casa de adultos mayores para recibir cuidados especiales. Es importante recordar que no debemos irnos con una carga de resentimiento por la decisión que tomaron, sino con compresión y, en caso de necesidad, perdón. ¿Puedes reflexionar sobre estos planteamientos y enunciar bajo qué condiciones te irías a un hogar para adulto mayor?

Si lo deseas, en tu *Legado de amor* encontrarás un espacio para manifestar a tus seres queridos cuáles son tus ideas sobre irte a un hogar diferente al tuyo (ver página 203). Igualmente, si no lo quieres, puedes dejarlo por escrito, comprendiendo que es posible de todas formas que tu familia en ciertos casos tenga que tomar la decisión de llevarte a un hogar donde puedas recibir todo el cuidado y atención que mereces y que no siempre te pueden dar en tu casa.

El silencio, la oración y la meditación

El silencio, la oración y la meditación son recursos maravillosos en cualquier etapa de la vida. Nos permiten descubrir la paz del corazón. Ayudan a apaciguar las olas de nuestras emociones, proporcionando quietud mental para observar con una perspectiva serena los acontecimientos y dificultades que tal vez percibimos como enormes monstruos que nos atacan. Luego de un rato de introspección y silencio, meditación u oración, podremos percibirlos como retos posibles de solucionar o como tareas que nos pone la vida con un claro propósito positivo para nuestra evolución personal.

Millones de personas en el mundo se han apoyado en la oración y en la meditación en los momentos más complejos de sus vidas, logrando disolver o disminuir el miedo, nuestro peor monstruo interior; esto ocurre porque esas prácticas espirituales, en las muchas formas en que pueden practicarse, llevan nuestra conciencia a un lugar seguro, más allá del mundo ruidoso y atemorizante de nuestra mente, y nos ponen en contacto con lo sagrado.

En ese espacio, lo sagrado, que es la fuente de la vida, nos envuelve con su amor y nos permite sentir esperanza, sentido de propósito y certeza de que seremos cuidados y guiados. Cuando hay certezas y paz, no existe espacio para el temor. La paz es lo opuesto al miedo; donde existe la una es más difícil que se presente el otro. En la presencia de lo sagrado es más fácil sanar.

Abrir el corazón

"Orar es hablar con Dios, meditar es hacer silencio para escucharlo". Esta frase me la dijo mi primer profesor de vedanta, la antigua sabiduría de la India, y quedó grabada en mi corazón. Orar va mucho más allá de repetir plegarias aprendidas de memoria, aunque estas son muy útiles, en especial en momentos de angustia, en los cuales la mente se concentra en repetir una o varias oraciones que generalmente se aprendieron en la niñez, y esto logra con mucha frecuencia traer calma a la persona que reza. Más allá de esta forma típica de ruego, recordemos que orar incluye abrir el corazón para comunicarnos con aquello que consideramos es el Uno, el Origen, la Fuente, la Conciencia Universal, Dios o cualquiera de los nombres o atributos con que intentamos describir al Ser Sagrado, la esencia de todos los seres.

Abrir el corazón no es solo una metáfora. Muchos hemos sentido que algo se nos cierra, rompe o encoge en el centro del pecho ante situaciones dolorosas o pérdidas. Es el chacra del corazón reaccionando. El corazón emocional realmente se lesiona, se fractura, se rompe o se cierra, y puede afectar en alguna medida al corazón físico. Este está unido por redes neuroquímicas con el cerebro y todo el sistema nervioso, lo cual explica que lo que afecte al corazón puede afectar cualquiera de los sistemas vitales del cuerpo. Por ello, el cierre del corazón es el origen de muchas enfermedades crónicas. Abrirlo de nuevo es uno de los pasos más valiosos en el proceso de sanación.

La oración, en su forma más pura y original, nos ayuda a abrir el corazón. Lo que cierra el chacra del corazón es por lo general un evento que produjo en nosotros alguna emoción dolorosa como decepción, rabia, amargura, envidia, miedo, culpa, sensación de injusticia, impotencia y demás olas de emociones que al tocar el corazón lo cierran, quedando atrapadas allí, en el centro de nuestro yo personal. Al cerrar nuestro corazón, creyendo defenderlo del dolor, guardamos en el sitio más precioso nuestros mayores enemigos, los venenos que nos destruyen. Sanar incluye abrir el corazón para dejar salir esas emociones, en vez de alimentarlas con recuerdos frecuentes y juicios sobre lo que nos ocurrió que, en lugar de cultivar salud, lo que logran es que nuestro orgullo, miedo y separación cierren más nuestro corazón.

Sanar una emoción no es negarla ni luchar contra ella. Es verla y aceptarla, más no alimentarla; no identificarnos con ella como algo que debemos defender, sino comprender que es una reacción emocional ante algo doloroso que nos ocurrió. Esto es normal por un tiempo, pero, si perdura, se convierte en un elemento letal. Por ello hay que dejarla ir, como quien abre una ventana para que salga un peligroso insecto. No peleas con él, pero cuando sale por la ventana sientes un gran alivio.

Cuando oramos, podemos abrir el corazón y permitir que la Gracia y la compasión divinas, unidas a nuestro esfuerzo por perdonar y dejar en el pasado lo ocurrido —para no cargarlo diariamente en nuestra mente y emociones—, entren a hacer una limpieza profunda en nuestro ser. En lo personal, creo que es uno el que abre el corazón y, al hacerlo, Dios puede entrar a sanarlo con su Gracia y con su Luz.

Pienso que hay muchas formas de orar, incluido el reclamo a Dios. A veces es necesario pasar por ese reclamo y sacar la rabia que se tiene frente a lo injusto, frente a aquello sobre lo que piensas que Dios no te protegió, para luego comprender que a todos nos suceden cosas injustas e inesperadas y que de ellas se pueden lograr transformaciones profundas positivas.

La vida es una escuela donde aprendemos a resolver problemas y, al hacerlo, sacamos nuestros mejores talentos que se convierten en capacidades o habilidades que antes no eran evidentes. Pretender que no existan problemas es como querer ir a una escuela donde no pongan a los alumnos tareas para solucionar; esta no sería una buena escuela. El aprendizaje implica enfrentar situaciones desconocidas que requieren el uso de recursos internos novedosos.

Esa es la vida y es bueno tenerlo en cuenta. Resolver problemas es algo que hacemos cotidianamente, algo que produce bienestar y mejora nuestra autoestima. La dificultad surge cuando el problema nos agobia, nos sobrepasa o no contábamos con él. Puede ser algo repentino y evidente, como una enfermedad severa y aguda, una quiebra, una pérdida, un abandono, o algo pequeño y cotidiano como alguien de tu familia o trabajo que se burla de ti y te intimida. Esto puede convertirse en fuente de dolor y resentimiento, de miedo y amargura crónicos. Sin embargo, esas emociones no resuelven el problema, solo lo profundizan. Sanar incluye liberarse de esas emociones.

La oración y la meditación, en la forma que cada uno escoja y se sienta cómodo, facilitan la apertura del corazón. En mi vida personal, hablo con Dios como mi mejor amigo. Sé que mis amigas son personas honestas, que me dicen lo que necesito escuchar cuando me equivoco, me ayudan en los momentos difíciles y me animan a hacer mis tareas. No las hacen por mí, pero cuando estas tareas me sobrepasan, me han ayudado en muchas formas. Asumo que así es Dios en su papel de amigo. También lo podemos considerar como familia, por eso se le dice Padre o Madre Divina. Los padres nos aman, ayudan y protegen. De igual forma que un buen padre no le evita el esfuerzo al hijo ni ir a la escuela a aprender, Dios no nos va a evitar pasar a través de determinadas adversidades cuando sabe que de ellas podemos obtener crecimiento y desarrollo de talentos.

Si te sientes cómodo al hacerlo, ora, háblale a Dios pidiendo que puedas cumplir tu parte, que logres junto con Él sanar tu corazón; que te dé fuerza, orientación y paz, o lo que sientas en tu corazón que debes pedirle. Deja también espacio para el silencio, en el cual puedes intuir cómo sanar, o simplemente dejando que Dios trabaje en ti, con una corta oración de entrega. También puedes practicar la plegaria silenciosa, en la que le entregas a Dios tu vida y necesidades y luego permanece en silencio, o repitiendo una frase corta como "Señor, en ti confío" o "Señor, que tu amor me envuelva y me sane" o cualquier otra frase sencilla que tu corazón te inspire y que, al repetirla con amor, se transforma en una poderosa plegaria. Estas cortas frases han sido usadas por muchas culturas espirituales. En el catolicismo se las llaman jaculatorias y en Oriente, mantras. Esa práctica espiritual calma la mente, facilita a la conciencia llegar a un estado sereno y permite sentir la compañía de Dios cercana y amorosa, independientemente de que se esté pasando por una coyuntura difícil en la vida.

Además de la oración de plegaria o petición, que es tal vez la más frecuente, en la cual pedimos ayuda a Dios para resolver nuestras dificultades o las de nuestros familiares o amigos, el país o el planeta y sus necesidades, es valioso recordar la oración de gratitud por las bendiciones que seguro has recibido a lo largo de tu vida.

Tener presente lo bueno que nos ha ocurrido es algo positivo para nuestro sistema inmunitario, el cual se afecta cuando solo pensamos o somos conscientes de las cosas o eventos difíciles. Por ello la gratitud es una herramienta de salud tanto mental como emocional y física.

Repetición de oraciones o plegarias

Rezar el rosario, repetir muchas veces el Padrenuestro o los diversos mantras orientales —que no son sino oraciones en otro idioma—, o las diferentes invocaciones con las que cada cultura ora para recibir ayuda de fuerzas sagradas, es una de las prácticas espirituales más frecuentes. Esto enfoca la mente, la calma. La distrae de pensamientos negativos y si quien repite estas oraciones se entrena, mientras lo hace casi en automático, dirige su mente a lo sagrado y se obtienen diversos beneficios como paz mental, mejor concentración y disminución de la ansiedad, y permite cultivar la cercanía con presencia de Dios, lo cual facilita enfrentar los problemas y hallarles soluciones.

Meditación

Al meditar siéntate erecto, mantén el cuerpo inmóvil y para impedir que tu mirada se disperse, fíjala en el extremo de tu nariz, o cierra los ojos y enfoca la mirada al centro de la conciencia espiritual, entre tus cejas. Guarda una calma perfecta, con tus pensamientos fijos en Mí, lo Divino.
Luego de una prolongada concentración, la mente cesa su deambular. Después de cierto tiempo se desarrolla una habilidad intuitiva y penetrante, una nueva facultad sensorial que desenreda los nudos de la vida hasta que dejan de constituir un problema. Con su mente puesta de continuo en lo Divino,

el yogui encuentra una serenidad profunda, el cenit de la
autorrealización, y se funde en Mí.
El Bhagavad Gita, Capítulo 6, 13-15
Krishna le enseña a su discípulo Arjuna cómo meditar

Muchas personas me dicen que no pueden meditar ya que "no pueden poner la mente en blanco". Meditar no tiene nada que ver con poner la mente en blanco, como lo expresa el consejo que le da Krishna, el maestro espiritual, a Arjuna, su discípulo, en el *Bhagavad Gita*, texto clásico de enseñanza védica. Como me decía un instructor de meditación: "Meditar no es poner la mente en blanco, eso lo logran un par de botellas de licor".

La meditación en Oriente, o prácticas espirituales contemplativas en Occidente —cualquiera de los nombres que queramos darle—, se refiere a un conjunto de técnicas o prácticas que buscan el bienestar de la mente, calmarla para propiciar un estado de conciencia sereno e intuitivo, que permite una mejor percepción de la realidad, logrando disminuir el efecto que sobre el meditador tienen las emociones destructivas como la cólera, la impaciencia, la frustración, los apegos, los celos, la ansiedad, el temor, etcétera. El meditador avanzado no solo alcanza esto al cultivar la ecuanimidad mental que se logra con la meditación frecuente, sino que crecen en él la bondad, la compasión, la alegría, el entusiasmo, la disponibilidad al servicio y otras cualidades que distinguen a un buen ser humano. Esto último no se obtiene con ratos ocasionales de meditación, pero sí con una práctica constante y estudio coherente de los principios filosóficos en los que se basan los distintos tipos de meditación.

Lograr el estado de meditación sugerido en el *Bhagavad Gita* no es sencillo, pero eso no debe desanimarnos para iniciar y mantener la práctica. Incluso los principiantes pueden alcanzar estados de calma y claridad mental que con la práctica se van haciendo duraderos. Hay muchas técnicas, unas basadas en la concentración ya sea en una figura o frase sagrada, la respiración, un sentimiento como la compasión, la alegría, etcétera. Otras buscan que el practicante observe con desapego sus emociones y estados mentales y, al observarlos, se haga consciente de ellos y pueda tomar la decisión de dejarlos pasar y no aferrarse a ellos. Eso tiene un efecto maravilloso sobre los temores y la ansiedad. La llamada meditación de atención plena o *mindfulness* que se ha tornado muy popular es un ejemplo de esto y es una técnica fácil de aprender.

Muchas de las prácticas mentales que algunos llaman meditación no son sino visualizaciones guiadas que, si bien no requieren el esfuerzo y concentración de la meditación tradicional, tienen la gran ventaja de ser fáciles y ayudan de todas formas a calmar la mente. Sin embargo, invito al lector interesado en profundizar en estos temas a no confundir una visualización, por más bella que sea, con una verdadera meditación en la que se busca disminuir las fluctuaciones de la mente, ya que los resultados de esta última son superiores. Cada una tiene su lugar. Si se está enfermo, cansado, con dificultad para sentarse y no se tiene una práctica establecida de meditación, hacer las visualizaciones guiadas puede ser muy útil y saludable. Iniciar una práctica sencilla de meditación de unos pocos minutos diarios que luego se pueden ir prolongando en el tiempo está al alcance de todo aquel que se lo proponga. En internet se encuentran guías para hacerlo y se puede ensayar varias hasta encontrar una técnica con la cual se sienta cómodo.

Muchos de los centros de yoga enseñan diversas técnicas de meditación en talleres cortos que no requieren que la persona se adhiera a un grupo particular de enseñanza; aunque debemos reconocer que los grupos sirven para animar a los participantes a persistir en el hábito de meditar, no a todo el mundo le gusta formar parte de comunidades espirituales.

En el 2019 acompañé a mi amigo, el neurofisiólogo cubano Antonio Tamayo, a realizar una investigación en Costa Rica en personas que por cinco meses habían practicado unas técnicas de respiración y meditación impartidas por el Arte de Vivir, grupo que se dedica a enseñar técnicas sencillas para mejorar la salud integral y que tiene sedes en muchos países. Para ello se hicieron mapeos cerebrales antes de iniciar el programa y al terminarlo. Los resultados fueron muy alentadores al confirmar que estas prácticas realizadas con disciplina mejoran realmente la estructura y la función cerebral.

Hay una práctica que incluye plegaria, visualización y meditación que es la llamada *meditación en la Luz*, sugerida por Sai Baba, usada por millones de personas en el mundo entero y que es sencilla de encontrar en la red y fácil de aprender. A continuación, te enseñaré una variación de este tipo de meditación/oración.

Meditación centrada en el corazón

Varias escuelas espirituales enseñan a centrarse en el corazón como foco de atención al meditar. Es una técnica sencilla que puedes ensayar tanto si has practicado antes meditación o no.

Primero: En lo posible, siéntate derecho, aunque esta meditación, como muchas otras, puede hacerse de pie o acostado.

Segundo: Lleva tu atención a la respiración y hazlo conscientemente. La importancia de respirar por ratitos de manera consciente ha sido validada en múltiples estudios. Se logra un equilibrio entre los sistemas simpático y parasimpático, unos de los reguladores emocionales básicos que tenemos. La siguiente metáfora nos puede ayudar a entender esto: si dibujas o escribes sin mirar el papel, los trazos pueden ser irregulares y tal vez no logres hacerlo acertadamente. Si escribes o dibujas con concentración en el papel, lograrás mucho mejor lo que quieres.

Es comprensible que para la mayoría de nosotros sea imposible mantener una respiración consciente y a la vez realizar las tareas cotidianas; sin embargo, muchos practicantes logran hacerlo frecuentemente a lo largo del día, lo cual, según la tradición oriental, alarga la vida y proporciona una mejor salud. Si bien no es una meta que todos podamos lograr, observar nuestra respiración con frecuencia y comprender que ella es un reflejo de nuestro estado mental y emocional nos ayuda a modificarla voluntariamente, para así lograr cambios positivos en nuestro mundo interno. Cinco a seis respiraciones conscientes hechas con frecuencia nos ayudan a tener un mejor día, son pausas de autoobservación, de autorregulación. Nos facilitan conocernos y equilibrarnos.

Creo que para todos es una experiencia conocida haber escuchado que cuando alguien está muy ansioso o en una crisis de angustia o pánico se le dice que respire tranquilo. Está comprobado que un rato de respiración consciente es una ayuda en todo momento.

Tercero: Si te sientes cómodo, imagina que en cada inhalación llevas luz serena y purificadora que penetra por tu cabeza hasta tu corazón y que, con cada exhalación, una llama de luz en el centro de tu pecho se va fortaleciendo y ampliando con esa luz espiritual que le llevas en cada inhalación.

Cuarto: Imagina que la llama de luz de tu corazón se va ampliando y desde el pecho va abarcando todo tu cuerpo, purificando todas tus células, órganos, emociones y sentimientos asociados a cada célula. Puedes imaginar que limpia tus oídos y tus ojos de los traumas que han entrado por esos sentidos y que te ayuda a ver lo bueno que debas ver y lo positivo que debas escuchar. Llevas luz a tu boca para tratar de no criticar y elegir mejor lo que comes. Así puedes llevarla a todo tu cuerpo. Te será útil incluso si solo imaginas que la luz llega a todo tu cuerpo y lo purifica, sin tener que pensar en emociones y sentimientos asociados. Lo que puede resultar de importancia es sentir que cada vez que respiras se expande el sentimiento de paz, que estás dispuesto a aprender a sentir y cultivar paz y la sensación de luz interior que se irradia. Inicialmente la luz está en el centro de tu pecho y al terminar la meditación, tú estás en el centro de la luz que se ha expandido hasta rodearte e irradiar a tu alrededor.

A medida que practicas esta meditación, verás que puedes durante el día llevar por unos segundos tu atención al corazón, respirar conscientemente y activar esa luz protectora y purificadora a tu alrededor. Puedes hacerlo cuando estés en tu transporte, al iniciar una conversación importante, cuando algo te salió mal y no quieres quedarte anclado a ese evento traumático, pero también es útil hacerlo cuando algo ha salido bien y quieres agradecer a la vida irradiando paz. Si sonríes serenamente cuando lo haces, aumentas los beneficios para tu cuerpo ya que sonreír produce en nuestra fisiología excelentes beneficios para la salud.

Quinto: para muchos meditadores es muy útil usar un mantram o sonido especial que ayuda a liberar la mente y descansarla. El mantram universal es el Om o Amén. Se refiere a la esencia del universo, Dios, la Luz primordial, la energía creadora. Puedes repetir "Om" al exhalar. Te puede ayudar imaginar que el sonido y la luz te envuelven, purifican y reparan. Si conoces otros mantrams puedes usarlos para esta sencilla y útil meditación.

Sexto: una vez que estás envuelto en la llama, puedes permanecer unos minutos dejando que la paz te serene, atento a tu respiración, a Dios o a tu mantram. Siente cómo te relajas y la mente deja a un lado sus problemas. Cada que venga un pensamiento, lo dejas ir y vuelves conscientemente a tu respiración y a la idea de la Luz divina que se expande en ti.

No te preocupes si en diez minutos de meditación llegan decenas de pensamientos que no tienen nada que ver con ella; esto es usual mientras la mente aprende a que cuando medita no tiene que resolver problemas, que es para lo que está entrenada. La mente aprende que durante la meditación entra en un estado diferente que la repara y le permite luego hacer su trabajo con menos desgaste. En la meditación nos conectamos con nuestra alma y los momentos en que lo logramos los experimentamos como paz y ecuanimidad internas.

Así como charlar con un amigo no es una experiencia siempre idéntica y cada charla te deja un sentimiento diferente, conectarte con Dios, con tu alma, te produce experiencias diferentes y eso es parte de lo bello de meditar: aunque la técnica es la misma, tu experiencia interna es enriquecedora por no ser cada vez igual.

Se aconseja meditar un par de veces al día, pero cada persona va encontrando qué puede hacer realmente. Lo ideal es hacerlo en las horas tempranas del amanecer, entre diez y veinte minutos, y otro tanto en la tarde. Creo que meditar diez minutos bien hechos diariamente hace más que media hora una vez a la semana. Si solo meditamos cuando tengamos los veinte o treinta minutos disponibles, perderemos la posibilidad de hacer de esta práctica un hábito. Cuando se le toma el gusto a meditar, el tiempo se va alargando solo. No es saludable forzar la mente a meditar, pero tampoco dejarla sin enseñarle esta maravillosa y ancestral práctica que cada vez toma más espacio en las vidas de millones de personas que han encontrado en ella una extraordinaria herramienta para mejorar su existencia.

Séptimo: se puede extender esta meditación a una forma de plegaria. Para ello imaginas que la Luz sagrada que hay en tu pecho emite rayos de luz a tus familiares, luego extiendes esos rayos a tus amigos, mascotas y sucesivamente a tus compañeros de trabajo, a tus clientes o personas para quienes trabajas, a aquellas a quienes quieres agradecer, por ejemplo, algunos profesores o a quienes te cuidaron o te dieron la mano en un momento difícil. También puedes enviar luz a las personas con quienes has tenido o tienes dificultades, puede ser un familiar, un jefe, un compañero de trabajo, etcétera. Al final, si quieres, le envías luz al mundo, a sus dirigentes y en especial a la Naturaleza, a quien le debemos tanto. Con esa luz estás pidiendo a Dios o a la fuente de la Luz, la conciencia universal, su luz de protección y ayuda para cada persona, ser o situación en que piensas. Te quedas luego en silencio, sosteniendo unos minutos la imagen y la sensación de tu corazón irradiando luz sagrada.

Según el tiempo que tengas, puedes hacer solo los primeros pasos de la meditación o hacerla completa. Vas a ver que en pocos minutos puedes realizarla bien y la haces con tu creatividad personal. Por ejemplo, imaginar que en lugar de la llama hay un pequeño sol que envía sus rayos a cada persona y que en el centro de ese sol está la imagen de Dios que te guste, por ejemplo, la de Jesús o el Espíritu Santo.

La oración nos preparara para el momento de regreso al mundo espiritual

La oración y la meditación son excelentes compañeras en el viaje por la vida y son de invaluable ayuda en el de regreso al mundo espiritual. Varias escuelas de enseñanza espiritual en Oriente hacen énfasis sobre el estado mental que se debe procurar tener en el momento en que nuestro espíritu abandona el cuerpo físico. Según esas sabias tradiciones, el estado mental y emocional con el cual desencarnemos será similar al que tendremos al iniciar una nueva encarnación. Por ello es de vital importancia comprender la muerte del cuerpo físico como un evento ineludible que todos tendremos que afrontar, algunos más temprano que otros y en diferentes circunstancias. Esta comprensión nos ayudará a pensar en la muerte sin temor y como algo en lo cual sí podemos incidir, en especial nuestro estado mental, el cual solo será sereno si comprendemos que está en nosotros transformar la muerte en una transición a un mundo espiritual maravilloso en lugar de pensarla como un evento terrorífico y amenazador.

Si lo percibimos como el regreso al hogar espiritual, pensando que en el momento en que nuestra alma lo decida retornaremos en compañía de seres queridos y guías espirituales que nos ayudarán en ese momento —que no niego puede ser difícil—, podremos estar preparados y seremos capaces de abandonarnos a esa ayuda espiritual sin apegarnos a luchar inútilmente por algo que ya no se puede evitar, como es la partida del cuerpo físico al mundo espiritual.

Si hemos aprendido a tener una rutina de oración o meditación, en el momento de la muerte o en los que la antecedan, será más probable que logremos meditar u orar y ese estado apacible nos acompañará de regreso al Cielo para, luego del tiempo que nuestra alma considere adecuado, retornar a una nueva encarnación en la Tierra con ese mismo estado. Vale la pena entonces acostumbrarnos a tener esos ratitos de silencio y conexión con Dios para que en uno de los momentos más importantes de la vida la mente automáticamente se conecte con el mundo espiritual y nuestro espíritu se deslice sin dificultad a su Hogar real, el Cielo.

Práctica sencilla para prepararnos a morir (phowa sencillo o práctica de la muerte consciente)

Cuando la muerte se precipita sobre el hombre, la parte mortal se extingue; pero el principio inmortal se retira y se aleja sano y salvo.

Platón

Phowa es una antigua tradición budista tibetana cuya enseñanza se ha difundido recientemente en Occidente, en especial a través del excelente *Libro tibetano de la vida y de la muerte*. Incluye la enseñanza para guiar a la persona que viaja al mundo espiritual. Es una forma amorosa de ayudar al que parte a encontrar el rumbo. Aunque podemos pedir a alguien cercano su colaboración en el momento de nuestra muerte y las semanas siguientes, lo ideal es estar uno mismo consciente de los fenómenos que ocurren al morir, para saber recibir esa ayuda si nos la dan, o procurárnosla nosotros si estamos solos en ese trance.

La sabiduría oriental insiste en recordar que nos debemos preparar adecuadamente para ese evento. Si debemos cruzar un río profundo, es mejor aprender a nadar con tiempo y no cuando estemos en la orilla y con un toro furioso persiguiéndonos. Si se aprende a nadar se puede disfrutar el cruce del río. La cultura budista sugiere que con frecuencia nos imaginemos cómo podríamos desprendernos del cuerpo físico y para ello podemos relajarnos en nuestra cama e imaginar que nuestro espíritu, en forma de esfera de luz, se desprende de nuestro cuerpo, preferiblemente por la coronilla o por el pecho, y se dirige a una figura espiritual amada como puede ser Jesús o el Espíritu Santo o Dios Padre para los católicos, o Shiva para muchos hindúes. Al hacer esto se puede repetir una pequeña oración como: "En tus manos encomiendo mi vida", "Recíbeme, Señor, en tu Luz", etcétera.

Sentir que esta transición se hace con paz, envuelto en el amor de Dios, amando a los que dejamos, pero comprendiendo que desde el Cielo los podremos ayudar, nos permitirá que en el momento real la mente ya tenga automatizado lo que va a pensar, sentir y orar y sepa hacia quién se va a dirigir. De esta forma, cuando el espíritu comprenda que se desprendió de su cuerpo físico, de inmediato se dirigirá hacia la Luz de Dios y no se aferrará a intentar inútilmente entrar de nuevo en su cuerpo ni querrá comunicarse con sus seres queridos, los cuales difícilmente le entenderán. Se enfocará en llegar a la Luz de Dios y ya en el mundo espiritual recibirá compañía, asistencia y guía; desde ese lugar podrá ayudar a sus seres queridos en la Tierra, inspirándoles consuelo y la sensación de su compañía. Hacer esta práctica no atrae a la muerte, como nadar no atrae el ahogo, simplemente te prepara para hacer el paso con toda la maestría que nos sea posible.

Si algún lector está interesado en profundizar en estas prácticas, recomiendo estudiarlas en el *Libro tibetano de la vida y de la muerte,* donde está bellamente explicada, o recurrir a un centro de budismo tibetano. La práctica de phowa puede ser guiada por un amigo o familiar y puede ser muy oportuno pedir a alguien cercano que cuando uno esté en ese momento sagrado, le recuerde mantener la mente calmada y orientada a buscar la Luz de Dios. Esas tradiciones sostienen que, aunque la persona aparentemente no esté escuchando por estar agonizante, confuso o en coma, su conciencia sí lo hace y puede seguir las instrucciones que se le dan de buscar la Luz, incluso luego de estar clínicamente muerta, ya que el espíritu sigue atento a lo que pasa a su alrededor.

Las primeras horas luego del fallecimiento de una persona son preciosas, incluso al lado del cuerpo de quien murió, para guiarlo con frases sencillas como: "Tu tarea ya está terminada, regresa a la Luz de Dios y allí encontrarás paz y alegría" o "Gracias por todo lo que nos diste y lo que fuiste, vete tranquilo a la Luz del Cielo desde donde podrás seguir dándonos tu amor e inspiración". Eso ayuda a que el espíritu de quien muere comprenda que debe emprender su viaje a otra dimensión con entusiasmo y la certeza de que llegará a un mundo maravilloso.

Así como podemos pedir ayuda en la agonía, vale la pena que nuestros familiares sepan que deseamos que nos acompañen con sus palabras amorosas mientras hacemos el tránsito al mundo espiritual para no perder el camino a la Luz.

"4. Cuando se esté muriendo otra persona, ten cuidado de no angustiarla haciendo que se sienta apegada al mundo, o suscitando en ella la ira y el odio. No te lamentes de su partida, no te aferres

al moribundo ni llores en su presencia. Ayúdale a partir correctamente recordándole una práctica más profunda.

5. *Siempre que te sea posible, pide a otros que hagan lo mismo por ti. Dispón que haya alguien cerca de ti que te hable suavemente al oído de vez en cuando, recordándote una actitud espiritual específica que quieras manifestar".*[1]

Esas tradiciones dicen que es conveniente repetir las oraciones e instrucciones para nuestro ser querido fallecido semanalmente por unas cuatro a siete semanas luego de su muerte. Quienes quieran hacer esta ayuda a quien fallece, lo imaginan en el momento de su muerte, rodeado de luz y vibraciones de amor, desprendiéndose con facilidad de su cuerpo físico y dirigiéndose a la luz o al Cielo, mientras en voz alta o mentalmente le repiten frases con las que se le recuerda que se dirija a la Luz de Dios y llegue a la presencia de la Divinidad de quien eran devotos en su vida terrenal. Así se ayuda al espíritu a dirigirse a la Luz y que su próximo renacimiento tenga el máximo de condiciones virtuosas.

En lo posible, realizar este ritual cada siete días, lo más próximo a la hora en que murió la persona. Si falleció un lunes a las tres de la tarde, hacerlo los siguientes siete lunes a esa hora aproximadamente. Si fue a altas horas de la noche, se puede hacer la oración lo más tarde posible en la noche, antes de acostarse. Se puede hacer todos los días, pero cada semana hay un momento especial para que nuestra oración sea más efectiva en ayudar a nuestro ser querido. Casi todas las culturas religiosas hacen algún tipo de oraciones en los días y semanas posteriores al fallecimiento para ayudar a la persona a continuar su camino a la Luz. Para ello se hace

[1] *Acerca de la muerte.* Dalai Lama. Editorial Integral Barcelona, febrero de 2003.

un ritual sencillo, como prender una luz con intención amorosa y compasiva y, pensando en la persona, hablarle mentalmente recordándole que busque la Luz de Dios y permanezca en ella. Se puede participar en una misa, o en los rituales de la cultura religiosa a la que pertenecía la persona fallecida.

También se puede orar a Dios y sus manifestaciones divinas (Jesús, la Virgen María, los ángeles o en quien uno crea) para que cuiden de nuestro ser querido.

En el sexto legado de tu *Legado de amor* puedes incluir dentro de tus peticiones que oren por ti y que te recuerden con frases sencillas para que busques la Luz desde el momento en que falleces y semanalmente por las siguientes cuatro a siete semanas.

Orientación al espíritu desencarnado

Gracias por todo lo que compartimos, por todos los momentos felices, y por todo lo que aprendimos juntos. Ahora ya nada más tienes que hacer aquí, tu función en este mundo ha terminado, puedes irte en paz, pues ya hiciste todo lo que tenías que hacer, y siempre hiciste lo mejor que podías, nada queda pendiente.

Ahora otras personas se encargarán de que las actividades materiales que en algún momento realizabas continúen funcionando normalmente, sigue tu camino hacia el mundo maravilloso de Luz, que está esperando por ti.

No mires para atrás, no mires para abajo, mira solamente hacia arriba, busca la Luz que te guía hacia la morada de tu padre, llénate de felicidad y tómate de las amorosas manos de tus hermanos que han venido a recibirte, observa sus rostros felices y radiantes de verte llegar, te estaban esperando, y ahora te reciben con infinita alegría. Entrégate totalmente a tu nuevo mundo, y regocíjate con la presencia de tus maestros, ahora inicias una experiencia de Paz, de Amor, y de valoración de todo lo que has comprendido.

Atribuido a Gerardo Schmedling
Filósofo, humanista y sociólogo

Sanar

Sanar no significa siempre que el cuerpo físico se cure. Nuestra alma es inmortal pero nuestro cuerpo físico no lo es. Cada uno de nosotros tiene asignado un cierto lapso de vida; para algunos ese tiempo puede ampliarse o disminuirse según sus hábitos de vida (por ejemplo, una persona que fuma o que toma licor en exceso probablemente acorte su tiempo de vida; si esa misma persona cambia esos hábitos puede extender su lapso unos cuantos años); para otros, en cambio, su tiempo de vida es fijo: se irán al mundo espiritual a pesar de no tener ninguna enfermedad, sino que un accidente será la forma como su alma los retorna al Hogar. Son elecciones que hace el alma.

Comprendo que esto es ampliamente discutible y mi intención no es entrar en debates ni llegar al fatalismo; cada lector tendrá su propia red de creencias personales. Pienso que no hay ninguna ciencia que explique por qué algunas personas mueren de una forma y otros de otra. Genética y hábitos de vida pueden dar algunas luces, pero hay fuerzas misteriosas, inexorables, sobre las cuales no podemos actuar y que es mejor aceptar. Es el alma quien actúa y sus acciones escapan a nuestra mente. Esto no quiere decir que nos quedemos pasivos ante lo que nos ocurre.

Creo que cada uno de nosotros tiene a su alcance extender un poco su experiencia de vida en la Tierra, pero ciertamente no en forma indefinida. Cada quien tiene destinos, propósitos y aprendizajes diferentes, aunque todos deberíamos coincidir en buscar

Lecturas recomendadas:
numerosos libros pueden acompañarte
cuando estás en la antesala de tomar
el vuelo de retorno al Hogar de donde
vinimos. Son libros útiles de leer
no solo en esos momentos sino en
cualquiera de nuestra vida adulta. Son
muy valiosos además para enfrentar
una enfermedad. En la bibliografía, al
final de este libro, encontrarás algunas
sugerencias.

aprender sobre lo Bueno, lo Bello y lo Verdadero. Esto nos permitirá tener el equipaje liviano en el momento del regreso al mundo espiritual. Tal como me enseñó un *mamo* de la Sierra Nevada: debemos "pensar bonito, hablar bonito y actuar bonito"; aprender del amor en algunas de sus muchas expresiones. Un niño de días o meses de nacido puede regresar al Cielo luego de cumplida su tarea de inspirar amor y dedicación, mientras que muchas personas llegarán a su vida adulta sin lograr esto.

El encuentro con lo Sagrado nos ayuda a sanar el cuerpo espiritual y, eventualmente pero no siempre, el físico. Nos facilita tener paz, perdonarnos, perdonar y, en especial, recobrar el sentimiento de alegría, gran reflejo de nuestra salud real. Será el alma de cada uno la que determine el momento oportuno de su regreso al mundo espiritual.

Negación

Una vez que aceptas tu propia muerte, de repente eres libre de vivir. Ya no te importa tu reputación. Ya no te importa, salvo que tu vida se pueda usar para promover una causa en la que creas.

Saul Alinsky
Escritor y sociólogo estadounidense

Pienso que nadie niega que va a morir y la muerte es algo que comprendemos desde que tenemos uso de razón. Lo que nos negamos a aceptar es que nosotros o un ser querido pueda morir cuando suponemos que aún podría vivir.

Cuando alguien hace conciencia de la inminencia de su partida, pueden acudir a su mente infinidad de pensamientos de diferente tipo, pero los principales giran en torno a tres tópicos: ¿Qué me va a ocurrir a mí y a mis seres queridos cuando yo muera? ¿Qué dejé por hacer? ¿Cómo fue mi vida?

Estos pensamientos intrusivos pueden llegar no solo ante una muerte inminente sino en la vida cotidiana, cuando sabemos de alguien que falleció y proyectamos su historia a la nuestra, o cuando alguien cercano o nosotros mismos estamos pasando por una enfermedad seria.

Pensar en qué nos puede ocurrir a nosotros o a los seres que amamos es creo yo el pensamiento más perturbador que puede impedir afrontar la muerte como un paso a la Luz. El temor que esos pensamientos desencadenan en muchas personas es la principal causa para negarse a pensar siquiera en la posibilidad de la muerte. Si logramos tener claras las respuestas a esas dudas, podremos esforzarnos en sostener la vida y luchar por nuestra salud o la de los seres queridos todo lo que sea necesario, sabiendo que nuestro corazón nos indicará cuándo es el momento de despedirnos y prepararnos para ese viaje, de tal manera que el temor no nos impida tener conversaciones llenas de amor y profundidad que probablemente girarán en torno a tres ideas: la gratitud, el perdón y el tipo de vida que deseamos para quienes se quedan, en especial si quien debe despedirse es un padre o una madre de familia que deja instrucciones a sus hijos o familiares.

Con los avances médicos, muchas enfermedades antes mortales logran ser superadas; nuestros promedios de vida son los mayores que ha conocido nuestra cultura. Entonces quiero dejar claro que mi invitación no es a no luchar por la vida cuando estemos ante enfermedades graves, ya sean crónicas o agudas.

Debemos dar la lucha cuando hay esperanza razonable de una vida con calidad. Se puede tener calidad de vida de muchas formas, aunque existan molestias y limitaciones físicas importantes. La enfermedad y sus diversas secuelas son parte del proceso de la vida y eso no nos impide amar y ser amados, dar y recibir, desarrollar y compartir ideas y talentos. Aceptar la enfermedad, hacer los esfuerzos a nuestro alcance por superarla y aprender a adaptarnos a las secuelas a veces inevitables que pueden quedar luego de un proceso patológico o un accidente son las respuestas sabias ante los imprevistos de la vida. Forjan el carácter y maduran al espíritu. Es emocionante y enriquecedor ver en videos y presentaciones cómo personas con grandes limitaciones físicas luego de un accidente o de una enfermedad grave comparten el crecimiento personal que este evento suscitó en sus vidas y nos inspiran con su ejemplo a superar nuestras dificultades.

Aceptar la enfermedad no nos debe distraer de estar preparados para la muerte. Poder hablar sobre esta posibilidad con un familiar, un amigo o un consejero cercano, aunque la temamos, es de gran utilidad, ya que muchas veces conversar sobre este tema que nos asusta nos permite ampliar nuestro conocimiento; al conocer mejor qué ocurre al morir, este miedo se puede disolver, ya que comprenderemos que en el plano espiritual se es muy feliz y desde allí se puede acompañar y cuidar a nuestros seres queridos. Si es posible hablar de este temor antes de estar enfrentando una enfermedad, tanto mejor, pero a veces los imprevistos ocurren y es precisamente cuando nos afecta una enfermedad que debemos afrontar con serenidad hablar sobre este ineludible asunto. Cualquier momento es bueno para, guiados por el corazón, abrirnos a examinar los sentimientos e ideas que acerca de la muerte nos suscita la enfermedad. Repito, hablar sobre esto no atrae la muerte, ni la adelanta, ni significa que estemos rindiéndonos. Es sencillamente una manera sabia de entender que la vida y la muerte no están siempre en nuestras manos, ni siquiera en las de los mejores médicos, por lo tanto, vale la pena estar preparados tanto para la vida como para el viaje de regreso al mundo espiritual.

En este libro te ofrezco algunas sencillas maneras de preparase, dejando los mensajes e instrucciones con los que podemos estar seguros que aliviaremos el dolor de nuestros familiares y amigos, facilitándoles además la toma de decisiones que toda partida produce. Cada lector puede decidir cuál de estas sugerencias se adapta a su personalidad y la refleja mejor.

CAPÍTULO CINCO

Sugerencias para un buen morir

La muerte es un castigo para algunos, para otros un regalo, y para muchos un favor.

Séneca

Regla de oro: "Haz a los otros lo que quieres que te hagan y no hagas a los otros lo que no quieres que te hagan".

¿Qué hacer para tener una buena muerte? Es una pregunta que puede surgir con frecuencia dentro del flujo de pensamientos que la mente trae al foco de nuestra atención. Esto puede ocurrir al ver una película, leer un libro, saber de alguien cercano que falleció o un enfermo conocido, o cuando nosotros mismos tenemos una enfermedad importante; por diversos motivos la mente nos puede traer ese cuestionamiento vital que mientras más honesta y serenamente nos lo hagamos, mejor podrá ayudarnos nuestro corazón a resolverlo. Igualmente nos ayuda investigar y estudiar lo que la sabiduría humana ha ido aprendiendo al respecto por generaciones, desde tiempos antiguos, ya que ese interrogante no es nuevo, es tan viejo como la conciencia de la finitud de la vida física.

Para morir bien, lo ideal es vivir bien. Vivir bien implica tanto saber ver y agradecer de corazón las bendiciones que la vida nos trae como procurar solucionar los problemas que necesariamente nos llegan; la vida es una escuela en la que nos presentan temas acerca de los cuales debemos aprender; la metodología usada es la de presentarnos dificultades y al resolverlas desarrollamos razonamiento, talentos, comprensión, valores, ideas, discernimiento y aprendizajes sobre la vida en sus muchos aspectos, lo que enriquece nuestra experiencia y conocimiento. Esto nos facilita adquirir sabiduría, una de las grandes metas de toda escuela, y la vida, la gran escuela, es una experta en eso, como nos consta a casi todos. La diferencia es que en los planteles normales nos dan conocimiento académico que luego nosotros debemos convertir a conocimiento práctico, mientras que la vida nos da conocimiento práctico que debemos trasformar en sabiduría. Si logramos esta virtud en alguna medida, cometeremos menos errores, tendremos más paz, seremos más amorosos y comprenderemos la importancia de actuar con ética y generosidad, ayudando a otros en la medida que podamos. Servir. Ser útiles al mundo. Si cada uno cumpliese su parte, el mundo sería mejor. En realidad, aunque otros no lo hagan, podemos recordar que aquel que sí lo hace, vive bien en este mundo y en el otro. Esta paz que proviene del buen actuar nos dará la posibilidad de tener gran paz en el momento de trascender.

Se puede servir y ser útil desde una cama, estando enfermo. La vida nos cambia de roles con frecuencia y a casi todos nos toca uno de los roles más difíciles: el de enfermo. Es uno de los que más trasformaciones puede lograr, tanto en uno mismo como alrededor.

La familia se reúne alrededor de quien está enfermo y en estos casos se da la posibilidad de expresar amor y cariño de una forma tal como no lo hacemos en otras circunstancias. El ejemplo de paciencia, amabilidad, humildad, fortaleza, esperanza y buen humor que me han dado muchos pacientes no lo he aprendido de nadie más. Para actuar bien no se necesita salud, solo buena voluntad.

Las buenas obras

Así como una jornada bien empleada produce un dulce sueño, así una vida bien usada produce una dulce muerte.

Leonardo Da Vinci

Conocí a una mujer en la costa colombiana que había tenido dos experiencias de muerte cercana. En una de ellas, un guía espiritual muy amoroso le mostró un paraje hermoso y al frente de ella podía ver a sus seres queridos ya fallecidos, pero no podía llegar hasta ellos. El guía le dijo que no era aún su momento de pasar al Cielo, ya que no le correspondía morir, pero sí le dio un buen consejo para que se preparara cuando llegara ese momento: *Tus buenas obras serán tus abogados para entrar al Cielo.*

Este buen actuar, buscando diariamente realizar pequeños o grandes aportes para mejorar el bienestar de otros seres y de la comunidad en general, es lo que permite tener una satisfacción mucho más profunda que el placer que se obtiene cuando se logra algún fin egoísta. Eso es vivir bien: ayudar a que otros vivan bien. Es uno de los requisitos para ir al Cielo. Nos permite tener alegría interna y las personas alegres son las que logran construir un Cielo en la Tierra. Parodiando a Jesús, yo diría: "Bienaventurados los alegres de corazón y de espíritu porque ellos son quienes traen el Cielo a la Tierra".

La vida bien vivida implica asumir la existencia de los errores que inevitablemente cometemos y procurar repararlos hasta donde sea posible. Cuando esto no puede llevarse a cabo, aprender del error en lo posible para evitar repetirlo y para no marcharnos de este plano con una de las cargas más complejas: la culpa. Muchas personas se cierran a sí mismas la posibilidad de ir a un plano espiritual de Luz y paz por el peso de la vergüenza, el autoreproche, la culpa y el resentimiento que cargan por sus errores y los de otros. Perdonar y perdonarse es una de las prácticas indispensables de una vida bien vivida.

Es sencillo decirlo, y aunque humanamente no es tan fácil llevarlo a cabo, la práctica hace al maestro. Vivir una vida de amor y servicio no es realmente tan complicado. Solo requiere aprender a seguir las instrucciones del corazón. Esto no es una figura metafórica literaria. Todos tenemos señales internas de ese plano de conciencia que llamamos el corazón que nos indican cómo obrar con amor y compasión. Esa es la clave para una vida bien vivida.

El producto final de nuestra vida no debe ser el mismo con el que llegamos a ella. Nuestra tarea es evolucionar, refinar el carácter, extraer lo mejor de nosotros mismos. Educarnos. Cada quien decide en qué dirección camina. Cada decisión trae consecuencias y tener uso de razón implica tomar decisiones. Cada decisión está labrando nuestro destino.

Acercar la mente a Dios

Cómo morir.
Y sobre tu última pregunta, que es muy importante,
quiero decirte esto: quien Me recuerde en el momento de morir
vendrá sin duda a Mí. Su conciencia se fundirá
con Mi conciencia cósmica.

Esta es una ley universal, Arjuna. La suma total de tus
pensamientos y sentimientos a lo largo de todo tu lapso de
vida se condensa en el estado mental que tienes al abandonar
tu cuerpo. En el instante de la muerte, cada cual asume una
particular configuración mental. Lo que haya ocupado tu
atención en tu vida será ineludiblemente tu conciencia al morir,
y a ese reino de conciencia irás. Con el tiempo, esa misma
estructura mental volverá a manifestarse en el mundo. A esto se
lo llama el próximo nacimiento.
¿Qué debes hacer pues? Prepárate a lo largo de tu vida para
el momento de morir. ¡Pero ese momento no es futuro, es este
mismo momento! Cualquiera puede ser el último momento, así
que considera a cada uno el último. Sobre lo que pienses en ese
instante se edificará lo que tengas en tu próximo nacimiento.
En el momento de morir, recuerda de este modo lo divino. Nunca
se insistirá demasiado en la importancia de esto... Así alcanzarás
la Divinidad.

Krishna le habla a su discípulo Arjuna.
El Bhagavad Gita para todos. **Cap. 8, 5-10.**

En Oriente, las escuelas espirituales hacen énfasis en la necesidad de tener un estado anímico tranquilo en el momento de la muerte, recalcando que el estado psíquico de ese momento será el que marcará el estado con el cual se renacerá. Para ellos, este estado no es totalmente evidente en un recién nacido, pero en un niño mayor sí, que ya muestra rasgos emocionales y mentales que son característicos de la personalidad que tenía en la vida anterior.

Por ello, en el momento de la muerte es valioso procurar un estado sereno, apacible, amoroso, sin temor a dar el paso al mundo espiritual. Para lograrlo, es bueno apoyarnos en alguna práctica espiritual a lo largo de la vida; de lo contrario será difícil que ese estado ideal se obtenga en uno de los momentos más difíciles y vulnerables de un ser humano como es el de la proximidad a la muerte.

La sugerencia de muchas escuelas espirituales es intentar poner la mente en Dios diariamente, desde pequeños, ya que esto, si es bien entendido y no se envuelve en fanatismos separatistas excluyentes, ayuda a tomar decisiones basadas en la bondad y el amor, facilitando una vida con buenas acciones, algo de gran utilidad para el viaje final. Sentirnos acompañados por Dios durante la vida permitirá además sabernos acompañados por Él en el momento de la muerte, algo a lo que aspira casi todo practicante de las diversas corrientes religiosas y espirituales.

Si no lo aprendimos a hacer desde la época de la infancia, recordemos que para el alma humana cualquier momento es bueno para adquirir el hábito de poner la mente en Dios, lo cual se puede realizar de varias maneras. Una es pensar en el Ser sagrado, el origen de todo lo creado y que ha recibido miles de nombres a través de la historia. Esto se les facilita ciertamente a las personas de carácter devocional; mediante el amor a Dios logran ese encuentro con la Conciencia Divina, que el devoto percibe en una forma particular con la cual se comunica y a quien le ora. Si es cristiano podrá pensar en Jesús o en Dios Padre, si es hindú, en Shiva o Krishna, por ejemplo, si es musulmán, en Alá, etcétera.

En el momento de la muerte, ese amor a lo divino, cultivado durante años, se convierte en un puente de Luz que permite que el espíritu de la persona que fallece se deslice directamente al Cielo. La oración y la meditación afianzan ese amor. Por ello su práctica diaria es valiosa tanto para la vida como para la muerte.

Poner la mente en Dios en el momento de morir no implica necesariamente pensar en Dios como tradicionalmente se lo concibe, ya que eso excluiría a los ateos de poder entrar al Cielo. Creer o no en Dios no es lo básico para pasar al Cielo; creer en la importancia de ayudar a otros y procurar actuar bien en la medida de las capacidades de cada uno es lo esencial. ¿Qué sería entonces en ese caso poner la mente en Dios? Es ponerla en las virtudes divinas como la paz, el amor, la generosidad, la bondad, la verdad, la rectitud, etcétera. Si alguien en su vida es ateo, pero se ha guiado por una ética de valores humanos y su actuar está de acuerdo a su corazón, es muy probable que su mente, en el momento de su muerte, esté con sentimientos amables, serenos, compasivos, generosos y amorosos, ya que fueron los que alimentó durante su vida. Estas vibraciones emocionales y mentales equivalen a poner la mente en Dios y le sirven de pasaporte al Cielo. La meditación frecuente es una herramienta poderosa para lograr este estado mental saludable durante la transferencia de la conciencia a una dimensión espiritual superior cuando acontece la muerte.

Repetir el nombre de Dios

Esta es tal vez una de las practicas más sencillas y efectivas. La mente, al repetir cualquier nombre de Dios que le despierte devoción y cercanía personal, se calma y establece el contacto con la Luz de Dios, que es el puerto deseado de llegada si se tiene una buena muerte. Utilizar frases cortas que contengan un nombre de Dios para repetirlas en el momento de la muerte son la cuerda que nos salva del océano de la angustia que puede sobrevenir en la fase de la agonía. Es bueno iniciar esta práctica apenas la conozcamos, para que pueda volverse un hábito mental que nos será muy útil al final de nuestra vida. Ejemplos: *Sagrado Corazón de Jesús, en vos confío, Señor Jesús, Dios mío, Dios mío, guíame, en tus manos, Señor* u otras similares. En sánscrito hay mantrams muy bellos que dicen el equivalente a: *A tus pies, Señor,* como puede ser: *Om namah Shiva* u *Om Narayana namah* o infinidad de frases parecidas.

Buena compañía

Si en cualquier momento una buena compañía es un tesoro, en los momentos cercanos a la muerte puede serlo aún más. Viceversa, si una mala compañía normalmente es algo lamentable, en el momento de la muerte puede tornarse en un verdadero desastre. Acompañar a morir es una bella tarea y una preciosa oportunidad de expresar amor a un ser querido. La tarea de quien acompaña es esencial no solo desde el punto de vista humano de dar cariño y satisfacer las necesidades básicas de quien se prepara para partir, generalmente por una enfermedad, sino proveer una buena ayuda espiritual. Facilitar que la persona hable, si lo desea, mediante preguntas sencillas tales como: "¿Quieres hablar de algún tema en especial?", "¿En qué puedo ayudarte?, "¿Crees que hablar con alguien te ayudaría a sentirte mejor?". Ayudarle a poner en orden sus asuntos terrenales y sus lazos afectivos, si está disponible para ello. En especial, una buena compañía es la que te ayuda a poner tu mente en paz. Durante el periodo de tiempo en que se aproxima la muerte —en la agonía—, la mente puede ser como un viento errático y necesita de palabras amorosas y suaves que la guíen y la centren. En el *Libro tibetano de la vida y de la muerte* se dan instrucciones precisas sobre cómo ayudar. La esencia de esa guía es recordar a quien se marcha que mantenga su mente en Dios, en la Luz, en tener confianza en que marcha a un buen lugar y en que recibirá ayuda para ese paso.

Hacer cortas oraciones tranquiliza a la persona y ocupa su mente; acompañarla con visualizaciones guiadas también brinda calma y prepara para ese momento sagrado. Acompañar a orar o meditar, así sea por cortos espacios de tiempo, resulta de invaluable ayuda. No es conveniente querer ocultar la importancia del momento ni la proximidad de la muerte.

Si el lector sabe que debe prepararse para esa partida, no dude en hablar con sus familiares y amigos de los temas que considere apropiados, que pueden ir desde solucionar cosas materiales hasta expresar la gratitud y el cariño. Son tesoros que dejarán a todos con paz en el corazón.

¿Qué ocurre cuando morimos?

No le tengo miedo a la muerte, a lo que sí le tengo miedo es al trance, el ir hacia allá. Confieso que tengo curiosidad por saber de qué se trata.

Atahualpa Yupanqui

Para contestar esta pregunta nos remitimos a tres fuentes principales: la primera son los relatos de las personas que tuvieron las llamadas experiencias cercanas a la muerte (E.C.M.), cuyas narraciones han sido ampliamente estudiadas y se ha podido encontrar un patrón común en la mayoría de ellas. Aunque en forma simplista a mi juicio, algunos las atribuyen a simples fenómenos neurológicos que ocurren en un cerebro enfermo. Mas, si se investiga a profundidad, como lo han hecho por ejemplo médicos tan serios y reconocidos como Raymond Moody, Peter y Elizabeth Fenwick, Pim van Lommel o Elisabeth Kübler-Ross, podemos comprender que nos hallamos ante la puerta de un mundo desconocido que algunos cruzaron y regresaron para contarnos. En mi primer libro, *Experiencias con el Cielo*, amplío este tema. Con este libro, o consultando los autores anteriormente citados, el lector interesado podrá formarse sus propias opiniones al respecto.

La segunda fuente son los sabios meditadores. Sí, los sabios meditadores. Ellos son seres humanos que en diferentes culturas han desarrollado talentos especiales mediante la meditación, los cuales les han permitido observar de primera mano los fenómenos sutiles que le ocurren a la persona, tanto en los momentos previos y posteriores al morir, como durante el proceso mismo de la muerte. Se destacan algunos monjes budistas que dejaron minuciosas descripciones de estos eventos y la forma espiritual de ayudar a quien parte a otra dimensión, como las que se encuentran en *El libro tibetano de los muertos*, o en el *Libro tibetano de la vida y de la muerte*.

La tercera fuente son los médiums, personas que tienen la capacidad innata de comunicarse con seres humanos que habitan planos o dimensiones espirituales no físicas, quienes han narrado qué les ocurrió al momento de morir y después. Sus experiencias son muy parecidas a las de las personas que han tenido E.C.M. en la primera fase del proceso del morir. Luego hay gran diferencia, como es obvio, en las vivencias de quienes regresan y las que no.

Así, como cada parto es distinto, pero tienen muchos elementos en común, cada muerte es diferente, pero en todas hay elementos similares o comunes.

Brevemente, podemos decir que en general la muerte puede llegar por accidente, asesinato o por enfermedad. Los tres casos son formas que elige el alma para desencarnar. No todas las personas escogen morir estando enfermas y aceptan trascender mediante un accidente o una muerte violenta. Ejemplos conocidos son Buda, Jesús, el emperador Julio Cesar y Gandhi. La muerte por enfermedad conlleva un aprendizaje y la muerte repentina otro; nadie muere en forma traumática por una mala fortuna o algo que no debería haber sucedido. Es una decisión de su alma. Muchas personas anticipan su muerte, incluso la accidental; su alma de alguna manera les advierte y sin razón aparente dejan arreglados sus asuntos pocos días antes de morir.

Sería ingenuo pensar que todos fallecemos por las mismas razones y que los aprendizajes de las almas son los mismos. Muchas personas me preguntan si el momento de la muerte es inevitable.

Para unos eso es cierto. Un grupo de personas, la mayoría, elige la edad de su vida en la que va a fallecer y la forma. Todo enmarcado dentro de un aprendizaje. Otras personas sencillamente acortan sus posibilidades de vida con hábitos erróneos. Un ejemplo de esto es alguien con diagnóstico de diabetes, quien, pudiendo comer sano, persiste en consumir azúcares y lácteos, con lo que agravará su enfermedad y sencillamente acortará su vida; es una decisión y tendrá las consecuencias de la misma. Para otras personas, la muerte depende de otros factores y, así no respeten ninguna regla de salud, son longevos. Estos casos se dan, pero son pocos. Podemos creerles a muchas de las estadísticas en salud, según las cuales modificar hábitos de vida sí puede prolongarla. La disciplina es uno de los aprendizajes que muchos vinimos a hacer pero que a la gran mayoría de la población nos cuesta gran trabajo lograr.

Muchos de los accidentes involuntarios que conducen a un fallecimiento son decisiones tomadas por el alma antes de encarnar y debemos acatar esos destinos y comprenderlos, sin pensar en que, si se hubiera hecho algo específico, el ser querido no habría muerto. En el grupo de personas que fallecen por accidente predeterminado por su alma, no entran aquellas que tomaron decisiones erróneas, por ejemplo, tomar licor y conducir. Si no está dentro de su destino, podrá hacerlo centenares de veces sin que nada le suceda, pero si dentro de su programa de aprendizaje estaba cuidarse y no lo realizó, tendrá la consecuencia de su decisión. Sus familiares no deben quedarse en el lamento o la rabia. Enviarle amor y cariño, como cuando un niño comete un error y su madre le explica cómo solucionarlo. En este caso, como en toda muerte, decirle que busque la Luz y que una vez en el Cielo recibirá guía.

Miles de cosas nos ocurren por tomar decisiones impulsivas sin pensar las consecuencias, ya sea en nuestra vida familiar, negocios, salud, etcétera. Como todos, podemos decidir aprender de esos resultados o repetir el error. Es la ley del libre albedrío. No es nuestro destino, es nuestro aprendizaje. Podemos pensar que son aprendizajes muy dolorosos los que llevan a la muerte de alguien, pero igual ocurre con los resultados de muchas acciones irreflexivas. El sufrimiento nos lleva a la reflexión y esta a la sabiduría en algún aspecto de la vida. Aprendizaje hecho, karma que se libera. De nuestra muerte también podemos aprender y si se ora por alguien que falleció en estas condiciones, su siguiente vida será mucho mejor y probablemente no repetirá su error.

Cuando el espíritu se desprende de su cuerpo físico, lo cual puede tomar segundos en el caso de una muerte repentina, o días, incluso semanas, en caso de una enfermedad crónica, puede tomar varios caminos. Si su mente está en paz, aceptando su muerte como un paso a una dimensión espiritual bella en la que se encontrará con seres queridos, con Dios o sus guías espirituales, y además se siente en armonía con lo que fue su vida, reconociendo altibajos y errores como parte del camino y no como culpas o resentimientos, se trasladará o "nacerá" en el Cielo, donde se sentirá con dicha, paz, un enorme amor, se verá rodeado de amigos y conocidos que lo antecedieron en ese retorno al Hogar. Estará en la Presencia de Dios. Podrá descansar, aprender los temas que desee, compartir con seres queridos y cuando sea el tiempo que su alma elija, volverá a encarnar en circunstancias apropiadas para continuar su evolución. Desde allí puede observar a sus familiares en la Tierra, cuidar de ellos e inspirarlos. Los lazos de amor persisten en el más allá y es por ello que muchas personas sienten a sus familiares y reciben sus mensajes de muchas maneras.

Si la persona al fallecer está con su mente cargada de culpas, odio, resentimiento, envidia y emociones similares, debido a acciones negativas de su vida o a la forma como vivió las dificultades, no podrá ascender de inmediato a mundos superiores y hará una escala en lo que es llamado en la terminología budista "el bardo", o mundos intermedios. Allí permanece, según la sabiduría tibetana, un máximo de 49 días —tal vez un número simbólico y no real— mientras el espíritu es guiado al nivel espiritual que le corresponde según sus méritos. Durante este lapso de tiempo la persona puede vagar en este estadio intermedio. En esta época orar por ella y hablarle, en especial practicar el powha, es de gran utilidad. El novenario y las oraciones que hay por los difuntos en todas las religiones facilitan a los familiares a llevar a cabo esta ayuda para quien murió.

Luego, el espíritu que ha pasado por el bardo va a planos espirituales que dentro del lenguaje cristiano denominamos el purgatorio, en donde podrá observar que lo que le impide avanzar hacia planos de Luz son sus emociones negativas o aflictivas y se convierten en un encierro del cual puede salir al hacer conciencia de ello.

Reconocer el amor de Dios o la Conciencia universal, perdonarse y perdonar: claves para abrir la puerta de esa cárcel sutil pero férrea. Si logra hacer esto, es conducido por guías espirituales hasta el Cielo para tener las mismas oportunidades de aquellos que al morir se dirigieron directamente a esa dimensión de luz y amor. Las tradiciones espirituales insisten en recordar que al fallecer se busque la Luz, evitando distraerse observando qué ocurre con nuestro cuerpo físico o lo que acontece a nuestros familiares, amigos o asuntos personales. Eso es algo que el espíritu puede hacer, pero lo ideal es hacerlo luego de estar ya en el Cielo, el primer lugar al que hay que dirigirse, buscando la Luz que se perciba alrededor luego de hacer conciencia de que se está muerto.

Si en lugar de buscar la Luz, la persona fallecida se queda apegada o atada a sus asuntos familiares, va a desaprovechar una gran oportunidad de trasladar su conciencia a un mundo espiritual superior. Las famosas historias de fantasmas y similares se deben a la presencia de personas fallecidas que por diversos motivos se quedaron atadas a planos terrestres. Por ello resalto que todo ser humano haga conciencia de que puede buscar la Luz al fallecer para que su tránsito al otro mundo sea amable y pacífico.

Si la persona que está en el purgatorio no hace conciencia, luego de un tiempo de permanecer en esos planos, volverá a encarnar sin haber tenido el premio y el descanso del Cielo. A medida que sus experiencias en la Tierra lo conduzcan a reflexionar y cultivar el amor y la sabiduría, se preocupará por hacer buenas obras que le ayudarán a crecer en conciencia y finalmente lo conducirán al Cielo.

Si alguien falleció por muerte accidental o violenta, lo que narran los médiums y las personas que por ese motivo tuvieron una E.C.M. es que se demoraron un tiempo en entender que estaban muertos, ya que ellos se observan a sí mismas con un cuerpo igual al que tenían. Solo cuando comprenden que la gente cercana no los escucha ni los ve hacen conciencia de que fallecieron. Naturalmente, ver su funeral ayuda a esa comprensión, pero mientras todo esto ocurre pueden sufrir tratando de explicarles a sus familiares que están bien, que están vivos. Por esto orar por ellos, decirles que busquen la Luz, agradecerles su vida y pedirles que pasen al Cielo resulta de gran importancia.

Si alguien tuvo un mal obrar, con maldad, egoísmo, envidia, crueldad e indiferencia por el dolor del otro al morir, dicen las personas que han tenido E.C.M., médiums y sabios, se va a lo que podríamos llamar un tormento: sentirá lo que le hizo sentir a otros, por eso se habla del infierno, que no es otra cosa que recibir los resultados de las acciones negativas. Una vez se acaban estos resultados, el espíritu vuelve a encarnar en las situaciones que la Conciencia universal considere convenientes para que logre su desarrollo espiritual, lo cual puede ser una vida llena de vicisitudes para que desarrolle la humildad y la compasión.

Sin embargo, no debemos olvidar que grandes almas también aceptan vidas difíciles para acabar de completar su aprendizaje espiritual y no tener que volver a encarnar, la gran meta en esta vida.

Como nos da temor hablar de la muerte, no investigamos cómo es ese proceso, y cuando llega, puede encontrarnos ignorantes y llenos de temores. Conocer cómo es el proceso nos da paz y confianza. Creemos que al morir alguien se encargará de nosotros. Eso no ocurre. Es cierto que nos salen a recibir seres de luz, pero si no hemos aprendido a manejar nuestras emociones negativas y apegos, estos nos impedirán incluso verlos. Cada uno es responsable tanto de su vida como de su muerte. Esta responsabilidad la tenemos que asumir. Pedir ayuda a esos guías es parte de lo que podemos hacer; es por ello que existen oraciones como el Ave María e invocaciones budistas en las que se pide ayuda en la hora de la muerte. Es como un parto; mientras más informada está la mujer, más puede colaborar con el médico, la comadrona o la dula. Si sabemos cuál es nuestra parte, en el momento de la muerte podremos colaborarles a los seres de luz que vengan por nosotros.

La meta ideal: morir para no volver a nacer

Este es el verdadero sentido de mis enseñanzas, Arjuna. ¡La forma más sencilla de fundirse conmigo es recordarme constante e inexorablemente, en todo momento de la vida!
De esta manera, estarás preparado en todo instante para el fin. El próximo nacimiento depende de la forma en que acontece la muerte. Lo que importa no es depositar las esperanzas en un buen nacimiento futuro sino empeñarse en una buena muerte.
El mundo es transitorio y está lleno de padecimientos. Las grandes almas que han perfeccionado su vida y venido a Mí ya

no están sometidas al renacimiento para otro lapso de vida,
¡Evita el nacimiento y evitarás la muerte!
Krishna le habla a su discípulo Arjuna
El Bhagavad Gita para todos. Cap. 8, 14-15

Mis acciones son mis únicas pertenencias.
No puedo escapar de las consecuencias de mis acciones.
Thích Nhất Hạnh

Si la muerte no fuera el preludio a otra vida,
la vida presente sería una burla cruel.
Mahatma Gandhi

Los humanos tenemos múltiples dudas no solo sobre la vida en el más allá sino en especial dudas acerca de las leyes que rigen esta vida. ¿Por qué hay tantas diferencias e injusticias? ¿Por qué se presentan facilidades y comodidades en unos momentos de la vida y en otros dificultades y sinsabores sin causas claras para lo uno ni para lo otro? Creo que cada vez más seres humanos se hacen estas preguntas y no tienen temor a ir más allá de las enseñanzas que recibieron de sus mayores. Ya no todo se puede explicar diciendo simplemente: "Es la voluntad de Dios". La mayoría no acepta ese argumento. Ya existe una gran madurez en ese sentido. Millones de personas creyentes y no creyentes, católicas, cristianas, musulmanas o provenientes de culturas indígenas se han aproximado a una de las creencias básicas de la sabiduría de la India, hinduismo y budismo, o del judaísmo antiguo (de donde surge Jesús), como es la creencia en el karma y la reencarnación para tratar de entender en alguna medida cómo funcionan las leyes de la vida en la Tierra.

Creer o no creer en la reencarnación y las leyes del karma no te hace ser buena o mala persona; la humanidad pronto debería aprender a respetar las ideas y creencias de otros, siempre y cuando no le hagan daño a nadie. En la época de Jesús los judíos creían en la reencarnación, como aún lo hacen los judíos ortodoxos. Fue solo siglos después de su muerte que la Iglesia católica decidió, sin motivos claros y mucho menos espirituales o sabios, excluir de su doctrina la creencia en la reencarnación, que era aceptada por muchos católicos y hombres prestantes de la Iglesia de esa época. Como muchas ideas, la humanidad ya no acepta que le digan que algo es o no es cierto solo por una doctrina religiosa. Las personas son cada vez más autónomas en la búsqueda de sus creencias espirituales. Por ello hay un creciente número de personas occidentales haciendo yoga, meditando y buscando honestamente comprender las leyes que rigen el universo a distintos niveles.

Una de las leyes básicas es la del karma, según la cual toda acción trae sus consecuencias, y estas nos llegan en diferentes momentos de nuestras vidas. El *Bhagavad Gita* dice: "De acuerdo con la ley del karma, las almas reencarnan en los medios adecuados a su logro espiritual" (6, 41). Estas circunstancias han sido creadas por los pensamientos, sentimientos y actos de esta vida o las pasadas, de tal forma que cada uno es responsable de lo que le ocurre, y aquello que le ocurre tiene que ver con las herramientas que le trae la vida para su evolución espiritual. A todos los que habitamos en la Tierra nos llegan situaciones amables y prósperas alternando con dificultades e imprevistos que nos sacuden y nos llevan a sacar lo mejor o lo peor que hay en nuestro interior. Todos, durante este proceso de aprendizaje y evolución por las diferentes vidas, hemos tomado decisiones egoístas o inmaduras que han lesionado a otros seres o a nosotros mismos. Aprender de las consecuencias de esas acciones es parte de la ley del karma. Nos quejamos por no saber qué fue lo que hicimos para merecer tal o cual situación dolorosa o difícil y nos parece injusto que nos ocurra. Es apenas normal. Pero, si comprendemos y aceptamos la ley del karma, no nos rebelaremos demasiado, sino que nos daremos cuenta pronto de que la dificultad o adversidad que enfrentamos es precisamente la que nos lleva a liberarnos de lazos kármicos antiguos, a aprender y a desarrollar talentos, virtudes y capacidades nuevas, si manejamos las circunstancias que se nos presentan con el mayor amor, respeto y dedicación a resolverlas de que seamos capaces.

Comprender y valorar correctamente la ley del karma nos lleva además a comportarnos lo mejor posible para obtener resultados positivos de nuestras acciones bondadosas. A medida que se progresa en esta sabiduría espiritual, la motivación para actuar bien ya no es el miedo a recibir las malas consecuencias de nuestros actos destructivos, o el apego a los buenos resultados de nuestro buen obrar, sino seguir las directrices de la conciencia, o sea llevar a cabo nuestro deber por la satisfacción y paz que ello nos reporta. Ya no se está bajo la ley del karma sino que se actúa según la llamada ley del dharma o del buen obrar o recta acción. Este actuar altruista buscando cumplir nuestros deberes, cualesquiera que sean, con amor y dedicación, no trae consecuencias kármicas y nos va liberando de la llamada rueda de la reencarnación. Nos trae paz y el real contento de servir, sin detenerte en las decepciones o desilusiones que la vida en convivencia trae.

Servir es una de las tijeras que corta los lazos del karma

La vida tiene sentido si servimos a otros, si escuchamos las peticiones del Universo, y este lo único que pide es que ayudemos, que sirvamos a otros: a las plantas, a los animales, al ser humano. En resumen: la Vida nos pide que sirvamos a la vida.

Al reflexionar sobre las leyes del karma, se puede caer en la desilusión de pensar que es muy difícil, por no decir imposible, liberarse de esta rueda de la reencarnación, ya que con seguridad hemos cometido muchos errores en esta y en otras vidas, de tal forma que, si tenemos que compensar cada error antiguo, más los nuevos que a diario realizamos, no vemos salida a este maremágnum de lazos kármicos que nos unen a nuestros antiguos errores.

Tal vez para muchos sea útil saber que realizar buenos actos y procurar ser útiles a la comunidad realmente libera de lazos kármicos y te construye un buen futuro. Vale la pena recordar este precioso poema de Gabriela Mistral:

El placer de servir

Toda la naturaleza es un anhelo de servicio; sirve la nube, sirve el aire, sirve el surco. Donde haya un árbol que plantar, plántalo tú; donde haya un error que enmendar, enmiéndalo tú; donde haya un esfuerzo que todos esquiven, acéptalo tú.

Sé el que aparte la estorbosa piedra del camino, sé el que aparte el odio entre los corazones y las dificultades del problema.

Existe la alegría de ser sano y de ser justo; pero hay, sobre todo, la hermosa, la inmensa alegría de servir.

¡Qué triste sería el mundo si todo en él estuviera hecho, si no hubiera rosal que plantar, una empresa que acometer!

Que no te atraigan solamente los trabajos fáciles: ¡es tan bello hacer lo que otros esquivan!

Pero no caigas en el error de que solo se hace mérito con los grandes trabajos; hay pequeños servicios que son buenos servicios: adornar una mesa, ordenar unos libros, peinar una niña. Aquel es el que critica, este es el que destruye, sé tú el que sirve.

El servir no es una faena de seres inferiores. Dios, que da el fruto y la luz, sirve. Pudiera llamársele así: El que sirve. Y tiene sus ojos fijos en nuestras manos y nos pregunta cada día: ¿Serviste hoy? ¿Al árbol? ¿A tu amigo? ¿A tu madre?

Gabriela Mistral

La meditación es la otra tijera

Desde tiempos inmemoriales, hacer silencio, entrar al interior, y procurar acallar la mente y pronunciar oraciones o sonidos especiales llamados "mantrams" en Oriente ha sido una tarea que realizan y enseñan sabios de distintas culturas, en los distintos continentes. Esta acción también tiene el gran poder de deshacer los lazos del karma. Por eso vale la pena volver esta práctica una rutina diaria, sin olvidar que además de esa función liberadora nos reporta capacidades muy valiosas para la vida diaria como son concentración, calma, buen humor, empatía, capacidad de un mejor manejo de emociones dolorosas, disminución de la ansiedad y virtudes similares. Aprender a hacer algo de silencio nos ayuda en alguna medida a comprender qué quiere el universo de nosotros cada día. Crece la intuición y podremos saber, dentro de la multitud de posibilidades de acción, cuáles son las que nos corresponden. Eso baja enormemente la ansiedad y nos permite no quedar paralizados sino dedicarnos a las acciones pertinentes para cada uno.

Los mantrams son llamados sonidos que liberan, sus vibraciones son poderosas y también ayudan a cortar lazos de ignorancia y sufrimiento. No en balde son uno de los pilares de las enseñanzas orientales. Los occidentales también tenemos nuestros mantrams, como son la repetición de oraciones como el Padrenuestro o el Ave María.

Escoge tus tijeras

Así pues, hay muchas formas de liberarnos de eso lazos, que además de esa función liberadora te traen paz a ti mismo, consuelo y alegría a otros, ayudas al mundo que te rodea y creces en autoestima y capacidad de dar y recibir amor. Puedes usar varias: servicio, meditación, oración, repetición de mantrams en caso de que te gusten. Y combinar estas herramientas con buena alimentación, orden y limpieza, pensar, hablar y actuar constructivamente, genera lo que en Oriente se denomina *Sadhana* o *practica espiritual*. ¡Anímate a configurar tu propia práctica espiritual!

La última tijera

Las antiguas escuelas de sabiduría nos enseñan que la tarea de todo ser humano es nacer para procurar no volver a nacer. Hacen énfasis en que el momento de la muerte es una gran oportunidad para acabar de romper todos los lazos kármicos que nos atan a vidas futuras con el sufrimiento que pueden traer. Por ello, las instrucciones que da Krishna a Arjuna son de vital importancia. Podemos tener la seguridad de que cada esfuerzo positivo es tenido en cuenta en el mundo espiritual y nos ayudará cuando mínimo a tener mejores condiciones de vida si no logramos deshacernos de todo el karma y aún debemos renacer. Procurar obrar bien nos ayudará sin duda a tener una nueva vida donde tengamos bendiciones, alegría y posibilidades de ayudar y continuar nuestro camino espiritual. Lo aprendido en esta vida será el tesoro que traeremos a la siguiente.

Epílogo

Recordar a Dios, tenerlo presente, repetir cualquiera de Sus Nombres con frecuencia, realizar actos de amor y de servicio cotidianos, más la conciencia clara de pedirle el don de que al morir podamos tener nuestra conciencia puesta en Él, son elementos que actuarán como la llave de una cerradura que abrirá la puerta al sendero que nos llevará, al morir, a fundirnos con la Divinidad, rompiendo todos los lazos de ilusión y de karma. La meta real de todo ser humano es no volver a nacer, liberarnos del sufrimiento y de la ignorancia. ¡Hay que intentarlo! Al hombre le compete el esfuerzo, a Dios el resultado.

Poema escocés

Puedes llorar porque se ha ido,
O puedes sonreír porque ha vivido.

Puedes cerrar los ojos y rezar para que vuelva,
O puedes abrirlos y ver todo lo que ha dejado;
Tu corazón puede estar vacío porque no lo puedes ver,
O puede estar lleno del amor que compartiste.

Puedes llorar, cerrar tu mente, sentir el vacío y dar la espalda,
O puedes hacer lo que a él le gustaría:
Sonreír, abrir los ojos, amar y seguir.

El sembrador de dátiles

Jorge Bucay

En un oasis escondido entre los más lejanos paisajes del desierto, se encontraba el viejo Eliahu de rodillas, a un costado de algunas palmeras datileras.

Su vecino Hakim, el acaudalado mercader, se detuvo en el oasis a abrevar sus camellos y vio a Eliahu transpirando, mientras parecía cavar en la arena.

—¿Qué tal anciano? La paz sea contigo.

—Contigo —contestó Eliahu sin dejar su tarea.

—¿Qué haces aquí, con esta temperatura, y con esa pala en las manos?

—Siembro —contestó el viejo.

—¿Qué siembras aquí, Eliahu?

—Dátiles —respondió Eliahu mientras señalaba a su alrededor el palmar.

152

—¡Dátiles! —repitió el recién llegado, y cerró los ojos como quien escucha la mayor estupidez—. El calor te ha dañado el cerebro, querido amigo. Ven, deja esa tarea y vamos a la tienda a beber una copa de licor.

—No, debo terminar la siembra. Luego, si quieres, beberemos...

—Dime, amigo: ¿cuántos años tienes?

—No sé... sesenta, setenta, ochenta, no sé. Lo he olvidado... pero eso, ¿qué importa?

—Mira, amigo, los datileros tardan más de cincuenta años en crecer y recién después de ser palmeras adultas están en condiciones de dar frutos. Yo no estoy deseándote el mal y lo sabes, ojalá vivas hasta los ciento un años, pero tú sabes que difícilmente puedas llegar a cosechar algo de lo que hoy siembras. Deja eso y ven conmigo.

—Mira, Hakim, yo comí los dátiles que otro sembró, otro que tampoco soñó con probar esos dátiles. Yo siembro hoy, para que otros puedan comer mañana los dátiles que hoy planto... y, aunque solo fuera en honor de aquel desconocido, vale la pena terminar mi tarea.

—Me has dado una gran lección, Eliahu, déjame que te pague con una bolsa de monedas esta enseñanza que hoy me diste.

Y, diciendo esto, Hakim le puso en la mano al viejo una bolsa de cuero.

—Te agradezco tus monedas, amigo. Ya ves, a veces pasa esto: tú me pronosticabas que no llegaría a cosechar lo que sembrara. Parecía cierto y, sin embargo, mira, todavía no termino de sembrar y ya coseché una bolsa de monedas y la gratitud de un amigo.

—Tu sabiduría me asombra, anciano. Esta es la segunda gran lección que me das hoy y es quizás más importante que la primera. Déjame pues que pague también esta lección con otra bolsa de monedas.

—Y a veces pasa esto —siguió el anciano y extendió la mano mirando las dos bolsas de monedas—: sembré para no cosechar y antes de terminar de sembrar ya coseché no solo una, sino dos veces.

—Ya basta, viejo, no sigas hablando. Si sigues enseñándome cosas tengo miedo de que no me alcance toda mi fortuna para pagarte...

Bibliografía

Bibliografía sobre experiencias cercanas a la muerte (E.C.M.)

Kübler-Ross, E. *La muerte, un amanecer.* (1993, Ediciones Luciérnaga).

Moorjani, A., Barruetabeña, D. M. P., y Dyer, W. *Morir para ser yo:
Mi viaje a través del cáncer y la muerte hasta el despertar y la
verdadera curación.* (2010, Gaia Ediciones).

Neal, M. C. y Amador, O. *Ida y vuelta al cielo: La verdadera historia de
una doctora sobre su muerte y regreso a la vida.* (2013, Grijalbo).

Pim Van Lommel. *Consciencia más allá de la vida.* (2017, Editorial
Atalanta).

Wilber, K. e In Doore, G. *¿Vida después de la muerte?* (2006, Editorial Kairós).

Bibliografía sobre médiums

Lizarralde, Mikel. *Un nuevo mensaje.* (2019, Vergara).

Francisco Cándido Xavier. *Volví.* (2004, Editorial Kier).

Rosemary Altea. *El Águila y la Rosa.* (1996, Barcelona; Ediciones B, S.A.).

Van Praagh, J. *Crecer en el cielo: La eterna conexión entre padres e hijos.* (2012, Palmyra).

Van Praagh, J. y Zilli, E. *Hablando con el cielo.* (1997, Editorial Atlántida).

Bibliografía de libros que ayudan a preparase para la muerte y a enfrentar una enfermedad

Arango, Elsa Lucía. *Experiencias con el Cielo.* (2015, Grijalbo).

Dethlefsen T., Rudiger, D. *La enfermedad como camino.* (2017, Debolsillo).

Eadie, Betty J. *He visto la luz.* (Grijalbo, 2013).

Kessler, D. y Kübler-Ross, E. *Del duelo y el dolor.* (2016, Luciérnaga).

Kübler-Ross, E. *La muerte, un amanecer.* (2020, Diana).

Kübler-Ross, E. *La rueda de la vida.* (2019, Ediciones B).

Levine S. *Sanar en la vida y en la muerte.* (2007, Bantam Doubleday Dell. Los libros del comienzo. Madrid).

Lipton, Bruce H. *La biología de la creencia.* (2007, Ediciones Gaia).

Loyd A., Ben Johnson, B. *Los códigos curativos.* (2011, Intermedia Publishing Group).

S.S. Dalái Lama y Jeffrey Hopkins. *Acerca de la Muerte*. (2003. Barcelona: R.B.A. Libros Integral).

Sogyal Rimpoche. *El Libro Tibetano de la Vida y de la Muerte*. (1994, Ediciones Urano).

Cuaderno
de trabajo
personal

LEGADO
DE AMOR

La muerte no es más que un cambio de misión.
León Tolstoi

Legado: la transmisión de valores, bienes o elementos que son considerados importantes para los miembros de una cadena. Un legado puede estar compuesto por elementos materiales o por cuestiones simbólicas como valores, tradiciones, formas de actuar, formas de pensar, entre algunos otros. El legado es muy importante, dado que quien lo recibe marcará su identidad a futuro. Se tiene que el legado que alguien recibe de sus antecesores le estará diciendo mucho más a una persona que a cualquier otra, ya que probablemente esté vinculado con su identidad, su historia familiar, costumbres, entre otros.[1]

1 https://conceptodefinicion.de/legado/

Al escribir este manual te ofreces el tiempo y la posibilidad de entrar a tu mundo interior para sacar de él aquello que te gustaría sepan de ti las personas que amas y estimas. Es posible que por diversos motivos no lo hayas expresado o, si lo has hecho, reflexionarlo y dejarlo por escrito puede ser una oportunidad maravillosa de conocerte. Al mismo tiempo se convierte en un *Legado de amor,* el cual servirá de consuelo y guía a tus seres queridos en el momento en que tu alma te lleve de regreso al mundo espiritual. Dejarles consuelo es el propósito principal de este manual. Además, vas a poder observar, modificar y ser consciente de tu huella en el mundo. Permítenos acompañarte en esta bella tarea.

El manual está dividido en varias secciones que te permiten investigar algunos aspectos de ti mismo y cómo dejan una huella en tu mundo interior y exterior. La primera sección es un saludo a tus seres queridos; las dos siguientes tienen como objetivo una reflexión personal, exclusiva para ti; las siguientes siete son los siete legados de amor que te propongo que trabajes para dejarles a tus seres cercanos.

Seguramente encontrarás cosas maravillosas en este viaje a tu interior, tu precioso legado de amor, pero, como en toda historia personal, encontrarás pequeñas y grandes heridas que te causaron o que tu ocasionaste en otros. Esta es una oportunidad para dar pasos en la dirección que te permite sanarlas. Eso te hará más fácil el camino y que no tengas que esperar a estar frente a la muerte para tomar ciertas decisiones o aclarar desacuerdos. Tendrás además la oportunidad de exteriorizar tus afectos, creencias y valores para compartirlos con quienes quieres.

Hay huellas indelebles y otras borrables. Al observar parte de las huellas que dejas, podrás ver que aún tienes un camino que recorrer y puedes decidir si quieres modificar en algo el tipo de impronta que dejas a tu alrededor y en ti mismo. Uno de los propósitos de este taller es hacer a tiempo esa revisión y no cuando la enfermedad o un evento agudo nos pongan al final de nuestro camino en la Tierra, cuando no podamos modificar nuestro legado.

Este manual no pretende que hagas una revisión total de tu vida, pero sí que logres observar varios aspectos importantes de lo que tienes almacenado en el libro de tu historia personal. Una parte de este material te servirá para compartirlo con los que amas, otra parte es para ti, te ayudará a tomar decisiones valiosas y absolutamente personales sobre cambios que quieras hacer en tu legado.

Saludo/motivación, intención y petición

La primera sección de tu *Legado de amor* es un saludo en el que además podrás explicar cuál es el motivo principal por el cual lo estás haciendo.

Saludo y motivación

....
....
....
....
....
....
....
....
....

Petición

A continuación, sugiero que escribas una petición a tus seres queridos sobre la forma como quisieras que procesaran tu duelo cuando regreses al mundo espiritual. Te daré algunos ejemplos, los puedes firmar e incluir en tu legado si te gustan o escribir tu propia petición.

" Si yo faltara quisiera que...

No te enfades... Mi partida puede ser algo que anticipábamos o repentina. Seguramente teníamos un acuerdo con Dios y yo estaré cerca para ayudarte.

Te amo,

.... "

164

" Si yo faltara quisiera que...

Pasaras mi duelo en paz. Como me gustaría lograrlo a mí si tú te vas primero.

Sé que sentirás tristeza. Cuando te digo que lo hagas en paz, no significa que no llores, o no te sientas herido, confundido y golpeado por la vida. Eso es parte de todo duelo.

Lo que no quiero es que lo reclames como algo injusto.

El cómo y el cuándo no lo sabemos ni tú ni yo, pero el alma sí lo sabe.

Espero que comprender esto te permita manejar mi partida de una mejor manera.

Te amo,

"

....

" Si yo faltara quisiera que...

Lo que nos una no sea la tristeza, ni la amargura ni el dolor.

Podemos pensar que es preferible que nos unan los buenos re-cuerdos, los días bonitos, los esfuerzos, la comprensión que somos humanos y a pesar de nuestros errores nos quisimos.

Así podremos hacer cada uno su duelo, yo en el Cielo y tú en la Tierra.

Te amo,

"

....

" Si yo faltara quisiera que...

Podamos reconciliarnos. Si te herí, necesito tu perdón. Si me heriste, yo quiero perdonarte.

Te quiero,

"

....

" Si yo faltara quisiera que...

Tengas la certeza de que estaré a tu lado cuando lo necesites, aunque no me veas o me escuches. Me alegrará mucho que me hables y me invites a estar en tu vida, a cuidarte y a cuidar de quienes amas. Confío en que pronto aprenderás a sentir que nuestro vínculo de cariño y amor continúa.

Te quiero,

.... "

Si yo faltara quisiera que...

....

....

....

....

....

....

SEGUNDA SECCIÓN
Reflexiones sobre la huella que dejas

Sencilla revisión de vida
¿Cómo creo que me recordarán cuando muera?

Para responder a esta pregunta, sugiero que te tomes unos instantes para hacerlo desde la perspectiva del que se queda en la Tierra. Procura recordar a personas de tu familia, de tu trabajo, amigos y enemigos que hayan fallecido y "sentir" la huella que dejaron en ti. Eso te permitirá comprender qué es recordar a otro y podrás proyectar o imaginar cómo te recordarán a ti.

Para hacer el ejercicio completo elige a tres personas importantes en tu vida que hayan fallecido y escribe lo que sientes y piensas cuando las recuerdas. Pon en la lista al menos una con la que hayas tenido dificultades en tu relación.

Persona 1

....

....

....

Persona 2

....

....

....

Persona 3

....

....

....

Cómo crees que te recordarán

Para hacer fácil esta tarea, te proporcionaremos una lista de calificativos para lo que crees que las personas sentirán hacia ti y otra para los rasgos de carácter que has mostrado en una determinada esfera de tu vida y por los cuales crees que serás recordado. Son posibilidades que te pueden hacer más fácil hacer este ejercicio. Puedes emplearlas o usar otras que creas más convenientes.

Sentimientos positivos	Sentimientos negativos
Gratitud, admiración, alegría, nostalgia, tristeza por tu partida, amor, cariño, lazos antiguos de amistad que se quieren mantener, sentimientos de deuda contigo, sentirse honrados de haberte conocido, desamparo, perdón, etcétera.	Miedo, desdén, rabia, alivio por tu partida, vergüenza, tristeza por tu vida, dolor por los vínculos que hicieron contigo, culpa, lástima, resentimiento, etcétera.

Rasgos constructivos	Rasgos destructivos
Es posible que te recuerden por ser: alegre, entusiasta, generoso, responsable, inteligente, amable, cálido, tranquilo, creativo, líder, buena compañía, eficiente, servicial, prudente, ingenioso, buen oyente, de buen humor, gracioso, divertido, buen conversador, humildad, hábil para la enseñanza, inventor, innovador, conservador, respetuoso, buen orador, espiritual, amoroso, sensible, artista, amante de las artes, psíquico, disciplinado, exigente, austero, etcétera.	Temeroso, ansioso, controlador, indeciso, inseguro, mezquino, arrogante, mentiroso, despilfarrador, descuidado, iluso, incoherente, dictatorial, regañón, crítico, corrupto, ladrón, grosero, falta de control de impulsos, cizañero, destructivo, autoritario, compulsivo, fanático, desordenado, despistado, sucio, etcétera.

Recuerda que todos tenemos luces y sombras en nuestro carácter; además, cada persona lee a los otros con su filtro personal. Una actitud bien intencionada de parte de alguien puede ser leída por otra persona como una agresión. No te obligues a contestar todas las preguntas sino aquellas con las que te sientas cómodo. Si quieres, comenta con alguien cercano los pensamientos, sentimientos y emociones que algunas preguntas evoquen en ti. Casi toda revisión saca a flote bloqueos e interferencias de todo tipo que están en nuestro subconsciente y al observarlos podemos disolverlos en alguna medida, si bien la actividad que te proponemos no busca como fin primordial hacer una labor terapéutica psicológica. Nuestro objetivo es ayudarte a dejar por escrito reflexiones que puedan ser de gran ayuda para ti en tu vida personal.

¿Cómo crees que te recordará tu familia de origen? (Aquella en la que naciste: abuelos, padres, hermanos...).

....

....

....

....

....

¿Tu familia personal? (La que tú creaste: pareja, hijos, nietos...).

....

....

....

....

¿Tu familia politica? (Familiares de tu pareja).

....
....
....
....
....
....
....

¿Tus amigos?

....
....
....
....
....
....

En tu trabajo:
¿Tus empleados?

....
....
....
....
....
....

¿Tus jefes o tus profesores?

....
....
....
....
....
....
....

¿Tus pares?

....
....
....
....
....
....
....

¿Las personas para quienes trabajabas?
(Clientes, pacientes, etcétera).

....
....
....
....
....
....
....

¿Tu pareja, o tus parejas, si tuviste varias?

En tus actividades de servicio, si las tienes:

Animales cercanos: si los animales cercanos a ti pudieran hablar, ¿qué crees que dirían de ti?

Otras: comunidades religiosas, deportivas, artísticas, literarias, etcétera, en las que participes.

....

....

....

....

....

Medio ambiente: si el medio ambiente pudiera hablar, ¿qué diría de ti? ¿Lo cuidaste, lo ignoraste, hiciste grandes esfuerzos por él o no fue un tema significativo para ti?

....

....

....

....

....

3. ¿Cómo quisieras ser recordado(a)?

Ya tienes una idea de cómo crees que vas a ser recordado si murieras ahora. Luego de hacer esa tarea, podemos pasar a la siguiente: pensar cómo quisieras ser recordado. Hay una sutil pero importante diferencia. La diferencia en las respuestas es aquello en lo que debemos trabajar hasta el momento de nuestro regreso a la Luz.

No se trata de intentar hacer cosas diferentes a las que te indica tu corazón solo para agradar a los demás. Se trata precisamente de ser lo que tu corazón te indica. Hacer este ejercicio nos permite darnos cuenta de qué queremos transformar, sabiendo que aún estamos a tiempo. Lo que buscamos es que nuestro legado revele la mejor versión de nosotros mismos.

Tal vez estés en un momento de vida en que te tiene sin cuidado cómo vas a ser recordado. Eso también es válido. Esta actividad no busca que te engañes. Esta actividad es para ti, para nadie más, y eres tú quien decide cómo manejas tu revisión de vida y qué haces con lo que observes. Es tan solo una herramienta para buscar algo de paz y muchas veces la falta de paz proviene de que no tenemos claro hacia dónde dirigir nuestros esfuerzos. Cuando nos contestamos ¿cómo quiero ser recordado? y nos damos una pausa de silencio para reflexionar, probablemente le abrimos la puerta a nuestra voz interior, que nos ayudará a aclarar dudas y confusiones.

Quiero ser recordado(a) por ser...

....

....

....

....

....

....

¿Cómo quisieras recordarte?

Me quiero recordar como alguien que...

....

....

....

....

....

....

Hacer este ejercicio te permite evaluar cómo va el rumbo de tu vida y si te diriges a tus metas o si vale la pena hacer un alto y redireccionar tus actos para que coincidan con tus propósitos. No se trata de aparentar y hacer actividades que no quisieras hacer realmente solo por ser recordado de una determinada forma o ser aprobado socialmente, sino de encontrar las mejores vías para expresar tu propia naturaleza. Eso te dará más posibilidades de tener buenos resultados en aquello que emprendas, recordando que el fracaso será siempre un camino positivo cuando se reflexiona y se aprende de los hechos con humildad.

Es posible que las respuestas que has dado a las preguntas que se te han formulado te inviten a hacer cambios en áreas tan diversas como sonreír o ser más generoso, modificar el tono de voz o tu mirada cuando estás enfadado, evitar criticar o quejarte frecuentemente cuando alguien te llama o te visita, decidir no decir mentiras ya que puedes encontrar que es algo que haces con frecuencia y te ha distanciado no solo de tus amigos y familiares sino de la paz interior, entre otros. Si recuerdas alguna idea acerca de cambios en tus hábitos que hubiera surgido espontáneamente en tu consciencia cuando estabas contestando, te invitamos a anotarla a continuación, ya que son sugerencias de tu alma que vale la pena seguir.

4. Me gustaría hacer cambios en:

....

....

....

....

....

....

....

....

....

....

....

....

....

LOS SIETE LEGADOS

Enseñanzas y valores

Dar ejemplo no es la principal manera de influir sobre los demás;
es la única manera.
Albert Einstein

Para realizar esta actividad te comparto ejemplos de enseñanzas o valores que pudiste haber recibido de tu familia, algunos importantes y otros triviales, pero que dejaron huella en ti: ser responsable, ser ordenado, ser disciplinado, esforzarse, ser elegante, tener sentido estético, trabajar, compartir, servicio, amar a los animales, participar en actividades de servicio, comer en familia, acompañarse en las dificultades, estudiar, hacer deporte, ser limpio, ser inteligente, ir a misa, ser amable, tener buen humor, saludar de beso o mano, leer, tener muchos amigos, comer de todo, comer sano, no mostrar las emociones, no molestar a otros con los problemas personales, espiritualidad, religiosidad, tendencias políticas, etcétera.

¿Qué valores o enseñanzas crees que recibiste de tus ancestros? ¿Qué te enseñaron que era valioso?

Por parte de tu padre:

....

....

....

....

Por parte de tu madre:

....

....

....

....

Abuelos y familiares:

....

....

....

....

De las enseñanzas, ejemplos y valores que recibiste de tu familia, ¿qué consideras valioso y quieres que continúe siendo parte de esa cadena que protege y enriquece el legado familiar?

....

....

....

....

De las enseñanzas y valores que recibiste, ¿cuáles consideras que no son oportunas o actuales para esta época, para tu desarrollo personal o para tus descendientes?

....

....

....

....

....

La razón de esto, si quieres escribirla, es:

....

....

....

....

....

De lo que aprendiste en el transcurso de tu vida, ¿cuáles son los valores personales que has querido expresar en tu vida y quisieras trasmitirles a tus descendientes o personas cercanas?

....

....

....

....

....

....

¿Querrías compartir algunos de los aprendizajes que en ese caminar recogiste para compartirlos con las personas que amas? Son mensajes de vida y una parte central de tu legado (puedes especificar si son para tu familia, amigos, compañeros de trabajo, ya sea alguien específico o todo el grupo):

....

....

....

....

....

....

MENSAJES ESPECIALES

Mensaje especial para:

....

....

....

....

....

....

Mensaje especial para:

....

....

....

....

....

....

Mensaje especial para:

....

....

....

....

....

....

Mensaje especial para:

....

....

....

....

....

SEGUNDO LEGADO
Tesoros y recuerdos

Es tonto e incorrecto llorar a los hombres que murieron.
Más bien deberíamos agradecer a Dios
que tales hombres vivieran.
George S. Patton

De mi vida quiero recordar y contarles eventos que la marcaron:

....

....

....

....

....

....

....

....

....

....

....

....

....

....

....

....

....

....

....

....

Gratitud

El que está para morir siempre suele hablar verdades.
Miguel de Cervantes

En tu legado de amor te invito a dejar por escrito los mensajes de gratitud que desees. Es posible que para ti agradecer sea algo natural y frecuente; si ese es tu caso, mantén esa maravillosa práctica. Si crees que es un hábito que puedes implementar en tu vida cotidiana, busca la forma de hacerlo de tal manera que se vuelva algo natural en ti. La gratitud real se nota y es a veces la única forma que tenemos de retribuir los invaluables servicios que la vida nos da a través de muchas personas y situaciones.

Los agradecimientos que vas a dejar a tus seres queridos no tienen una jerarquía especial; sabemos que no quieres que alguien se moleste por el orden en que es nombrado. Seguramente tienes muchas personas a quienes agradecer, algunas en el Cielo; para facilitar tu tarea, te aconsejo que, en lo posible, lo hagas en orden cronológico, pero puedes escoger hacerlo como lo desees o te quede más fácil. También puedes hacer sobres con el mensaje que quieras dejar a personas o grupos específicos.

Quiero agradecer a:

....

....

....

....

....

....

Quiero agradecer a:

....

....

....

....

....

....

Quiero agradecer a:

....

....

....

....

....

....

Quiero agradecer a:

....

....

....

....

....

....

Quiero agradecer a:

....

....

....

....

....

....

Quiero agradecer a:

....
....
....
....
....
....

....

Quiero agradecer a:

....
....
....
....
....
....
....

Lo material y formal

*El hombre que no percibe el drama de su propio fin no está
en la normalidad sino en la patología, y tendría que tenderse
en la camilla y dejarse curar.*
Carl Gustav Jung

En esta sección puedes dar las instrucciones básicas para que tu familia o amigos dispongan de tus bienes tal como lo quieres. Es importante resaltar que es posible que cuando regreses al mundo espiritual existan unas condiciones distintas a las que se presentan cuando escribes este legado y que tus familiares nos las puedan cumplir a cabalidad. Recuerda que al irte ya nada te pertenece y es a ellos a quienes les corresponde discernir con amor cuáles de estas voluntades o deseos se pueden cumplir y cuáles no.

Instrucciones para tu familia acerca de la repartición de tus bienes; si lo quieres dejar en total libertad, vale la pena que lo aclares, para ellos será muy útil:

....
....
....
....
....
....
....
....

¿Quisieras que algo especial de tus posesiones sea para alguien específico? Recuerda que es un momento importante para observar en tu corazón a quiénes les quieres demostrar gratitud. No tiene necesariamente que ser algo de gran valor económico, *sino una forma de expresar tu cariño.*

....
....
....
....
....
....

¿Te gustaría que tus pertenencias se distribuyeran entre la familia en forma equitativa, que se donaran, rifaran o regalaran a personas específicas o que decidan lo que les parezca conveniente?

....
....
....
....
....
....

¿Te gustaría que algunas cosas se rifen entre tus allegados, o que cada uno escoja lo que quiera y otra parte se done a personas necesitadas? Aquí puedes escribir las generalidades de lo que deseas.

....
....
....
....
....
....

En el espacio que encontrarás a continuación puedes reflexionar acerca de lo que quisieras que hicieran con tus cosas por ítems específicos:

Ropa:

....
....
....
....

Libros:

....
....
....
....

Joyas:

....
....
....
....

Obras de arte (algo tan sencillo como poner al respaldo del cuadro el nombre de la persona a quien se la dejas en legado facilita confirmar la veracidad de tus deseos):

....
....
....
....

Objetos de valor (objetos de plata, vajillas, automóviles, etcétera):

....

....

....

....

Mobiliario:

....

....

....

....

....

Propiedades (finca raíz):

....

....

....

....

Tecnología (computador, equipos de sonido, tabletas, etcétera):

....

....

....

....

¿Cómo deshacer tu cuarto en caso de que sea pertinente?

....

....

....

....

Animales: la incertidumbre sobre quién cuidará de una mascota puede impedir que el viaje de alguien que parte al Cielo sea liviano, ya que no solo el apego sino la responsabilidad que se siente hacia ese gran amigo a quien se deja en este plano es un lazo que ata con fuerza. Si se tiene la tranquilidad de que el fiel amigo tendrá un hogar seguro, esa partida puede ser más sencilla. Si tienes mascota, deja por escrito a quién le pides que la cuide, pero intenta hacerlo verbalmente también, sin que eso signifique que atraes la muerte o que la estás anticipando. Si tienes posibilidades de dejar un legado económico para cuidar al animal, no está de más que lo hagas, si la persona que lo podría cuidar no cuenta con ese recurso.

¿Qué instrucciones especiales que no estén contempladas en los textos anteriores quieres dejar a tu familia?

Instrucciones para mi familia acerca de la repartición de mis bienes:

Espero que tengas claro que tu familia puede decidir hacer lo estrictamente legal, pero igualmente puede optar por aceptar tu voluntad. Es algo que ellos decidirán. Algunos miembros de la familia pueden sentirse inconformes con tus decisiones, así que te invito a que reflexiones sobre la imposibilidad de complacer a todos y tratar de dejar claro lo que quieres. Solo tú conoces los motivos por los cuales quieres repartir de determinada forma tus cosas. Si crees conveniente, puedes explicarlo a tus familiares para así dejar claros en lo posible esos motivos.

Aspectos económicos y legales

En este espacio puedes incluir cuentas bancarias, ahorros, bonos, seguros, inversiones, propiedades, etcétera. Por ser esta una información confidencial, puede que decidas entregar estos datos a una persona cercana y no escribirla en este libro de trabajo. Recuerda que es importante que alguien tenga esta información.

QUINTO LEGADO
Sanación y perdón

Cuando perdonas, te das a ti mismo la segunda oportunidad
de esa vida hermosa, sea cual sea la decisión del otro.
Anónimo

Como todos los humanos, has tenido alguien que te hirió y tal vez, a su vez, voluntaria o involuntariamente, heriste a alguien. Es bueno el procurar sanar esas heridas. Como es algo generalmente muy personal, te sugiero dejar sobres con escritos al respecto para algunas personas para facilitar este proceso de sanación. Ojalá que antes de que la muerte te lleve de regreso al mundo espiritual, hayas procurado lograr esa sanación de vínculos personalmente.

....
....
....
....
....
....
....
....
....
....
....
....
....
....
....
....

Voluntades finales

La muerte no está extinguiendo la luz; solo está apagando la lámpara porque ha llegado el amanecer.
Rabindranath Tagore

Rituales de despedida

¿Cómo comunicarnos después de la muerte?

Este es el texto que tus allegados podrán leer dentro de tu *Legado de amor*, quiero que lo leas para que les ayudes a comunicarse contigo cuando tu alma te lleve de retorno al mundo espiritual. ¿Cómo podemos conciliar estas dos ideas, la de la tendencia innata a hablar mentalmente con la persona que falleció para procurar comunicarnos nuevamente con ella, y el mandato popular de no hablar ni decirles nada para no atarlos a nuestro mundo, para dejarlos ir en paz? ¿Tal vez podemos ayudar a nuestros seres queridos a solucionar ese dilema?

Ciertamente es posible que en tu *Legado de amor* ayudes a solucionarlo. Sencillamente les va a explicar cómo te gustaría que se comuniquen contigo.

De los mensajes que están a continuación, escoge, si los hay, aquellos con los que te sientes identificado y fírmalos para que tus allegados sepan que esa idea te gusta.

Cuando parta al Cielo, me gustaría que me hables tal como me hablabas cuando estaba en la Tierra. Lo puedes hacer en voz alta o mentalmente, o si lo deseas me escribes. Recibiré todos esos mensajes, ya que en el mundo espiritual se escuchan con claridad los mensajes del corazón.

....

....

....

....

....

Cuando parta al Cielo no reclames mi muerte ni la forma en que ocurrió. No te reclames no haber podido hacer nada para impedirlo, ni te culpes por no haber pasado más tiempo conmigo o haber hecho algo específico que ahora consideras inadecuado. En lugar de ello, aprendamos a comunicarnos de una nueva forma. Yo te escucho con certeza, tal vez tú no me escuches, pero ambos sabemos que nos comunicamos y que nos reuniremos luego en el Cielo y entonces tendremos muchas cosas para contarnos.

....

....

....

....

....

Cuando viaje al Cielo, me gustará que me compartas tu vida. No tienes que sentirte obligado a hacerlo, pero cada vez que pienses en coger el teléfono para una llamada o un mensaje de chat y te acuerdes de que no lo puedo recibir en la forma como acostumbrábamos, envíame una llamada mental con tu corazón y si quieres me escribes un pequeño mensaje. Eso nos ayudará a los dos a acostumbrarnos a esta nueva forma en que yo te acompaño y tú me acompañas. Lo mismo cuando vayas a comprarme algo que usualmente me comprabas o pienses en un detalle que me conseguirías si siguiera vivo en la Tierra y recuerdes que ya no estoy en la forma como me veías; no te entristezcas y mejor me envías el amor que sentiste cuando pensaste en hacer la compra, que es lo que realmente importa en cada regalo que me dabas y que sigues dándome.

....
....
....
....
....
....

Si con el tiempo sientes menos necesidad de hablar conmigo y me recuerdas menos, no te preocupes ni te culpes; sé que nos queremos y cada uno sabe cuál es la importancia real del uno para el otro. Es normal que cuando alguien se ha ido al Cielo, los que quedan en la Tierra deben ocupar su atención en los oficios de la vida cotidiana. Que no me pienses tanto o no me hables muy frecuentemente no significa que no nos queramos, solo que estás dedicado a tus tareas, tareas que yo espero poder ayudarte a realizar en la medida de mis posibilidades. Te quiero.

....

....

....

....

....

Detalles concretos para el ritual de despedida

Tal vez tus seres allegados quisieran saber cómo quieres tus rituales de despedida. En esta sección puedes dejar explícito qué te gustaría, pero recuerda que cuando estés en el momento de tu regreso al mundo espiritual probablemente esto no te preocupe realmente, y tu familia y amigos pueden escoger lo que les parezca conveniente. Esto es solo una guía para tomar decisiones concretas en un momento que a veces es caótico.

Quiero que mis familiares hagan lo que les parezca mejor.
Sí____ No____

Quiero que mi cuerpo sea acompañado en una sala de velación, en la funeraria donde mis familiares, amigos y conocidos se reúnan.
Sí____ No____

Deseo tener funeral.
Sí____ No____

Quiero que mi cuerpo sea acompañado en mi casa donde mis familiares, amigos y conocidos tengan la oportunidad de venir a despedirse, al menos unas horas.
Sí____ No____

Quiero que se celebre un ritual religioso como una liturgia católica, una ceremonia cristina, en la sinagoga o similar.

Sí ____ No ____

Tipo de ritual que deseo:

....

....

Me gustaría que esta ceremonia se realice con mi cuerpo presente ____ o con las cenizas ____ .

Me gustaría que envíen flores a la funeraria[2].

Sí ____ No ____

Me gustaría que quienes lo deseen hagan una donación a una fundación de beneficencia en mi nombre.

Sí ____ No ____

Nombre de la fundación:

....

....

Quiero que pongan un anuncio de mi funeral en la prensa.

Sí ____ No ____

2 Dentro de algunas creencias orientales, la flor tiene unas bellas vibraciones y rodear el cuerpo físico del fallecido con flores es a la vez un homenaje simbólico de amor, gratitud y admiración, como un elemento que ayuda a equilibrar las vibraciones emocionales de dolor que hay normalmente en el lugar. Esa antigua costumbre, la de poner flores alrededor del cuerpo o en su tumba, tiene unas profundas raíces espirituales.

Me gustaría que en mi ritual de despedida se escuche esta música:

....

....

....

....

....

Otra instrucción:

....

....

....

....

....

Si es posible, prefiero que me cremen _____ que me entierren _____
Si mi cuerpo es cremado, me gustaría que mis cenizas sean

....

....

....

....

....

....

Inspiración

Así como una jornada bien empleada produce un dulce sueño, así una vida bien usada produce una dulce muerte.
Leonardo da Vinci

Unos de los objetivos de la vida son dar y recibir amor, servir, ser feliz en alguna medida, aprendiendo de errores y aciertos, todo ello para regresar a la Luz que cada uno es en su origen real. Te aconsejo que te tomes un tiempo para dedicarlo con amor y silencio a escribir algo al respecto para tu familia y amigos cercanos. Este es un ejemplo:

Cuando viaje al Cielo, te pido que confíes en tu fuerza para vivir tu vida, aunque yo esté en otro plano; tal vez no pueda hacer las muchas cosas que yo hacía para ti, pero tú podrás hacer muchas cosas para ti mismo y por ti mismo. Eso me hará sentir orgullosa/o de ti y de lo que te enseñé y te compartí. Un beso, te quiero y te seguiré queriendo desde donde sea que mi espíritu viaje.

Peticiones/deseos finales

....
....
....
....
....

Un hogar para el final de la vida

Si tengo problemas serios de salud, imposibilidad de cuidarme a mí misma/o un déficit cognitivo, mi postura respecto a irme a vivir a una casa de adultos mayores es la siguiente:

....
....
....
....
....

En caso de una enfermedad grave o prolongada, me gustaría poder contar con el acompañamiento de:

....
....
....
....

Quiero ayuda espiritual:
Sí____ No____

Me gustaría que esa ayuda fuera de: un sacerdote, un rabino, un médico, una persona que me guíe, otro:

....

....

....

....

En caso de que, por una enfermedad o accidente grave, pierda la conciencia, y para que se sostengan mis funciones vitales sea necesario que se me suministre ayuda externa como un ventilador, sueros, medicamentos, sonda nasogástrica para alimentarme o alimentación parenteral por más de ___ meses, solicito que se me desconecte de esas ayudas luego de ese tiempo y pido a mis médicos y a mi familia que permitan ya sea mi recuperación espontánea o mi paso al mundo espiritual en forma natural.
Sí ___ No ___

Si por accidente o enfermedad grave pierdo mi conciencia y mis funciones vitales nutritivas, y debo ser alimentado por sonda o alimentación parenteral, si no hay real esperanza de recuperarme, solicito que luego de ___ meses no se me dé alimentación nasogástrica o parenteral y mediante la medicación que el médico considere necesario se me ayude a morir con dignidad.
Sí ___ No ___

Si es posible donar mis córneas o cualquiera de mis órganos, le pido a mi médico y a mi familia que hagan lo necesario para que esa donación se lleve a cabo.
Sí ___ No ___

Otras instrucciones al respecto:

....

....

....

....

Nombre y firma:

....

....

....

....

Fecha: _____ _____ _____ _____ _____ _____

LEGADO
DE AMOR

Cuaderno
de trabajo
para mis
seres queridos

Querido(a) lector(a): con el fin de brindarte un espacio adicional al de este libro para profundizar en tu "Legado de amor", podrás descargar el material de trabajo utilizando la aplicación de códigos QR.

Las lágrimas no son para las personas que hemos perdido.
Son para nosotros. Para que podamos recordar, celebrar,
extrañarlas y sentirnos humanos.

C.J. Redwine

Este texto es el regalo de un ser querido para ti y su familia. Su intención es recordarte que te ama y facilitarte procesar este momento difícil y complejo de tu vida en que estás haciendo su duelo.

Ese ser querido está ahora en el mundo espiritual, se siente cercano a realizar ese viaje o quiere simplemente compartirte su voluntad sin importar el momento de la vida en el que se encuentra, y es por eso que estás leyendo este escrito, lleno de amor y significado.

En este *Legado de amor*, tu ser querido ha procurado expresar la riqueza de su mundo interior, confía que sus huellas y su cariño te sigan acompañando mientras se reúnen nuevamente en el mundo espiritual y espera que te sirva de consuelo.

Saludo

Queridos familiares y amigos:

....
....
....
....
....
....
....
....
....
....
....
....
....
....
....
....
....
....
....
....
....
....
....
....
....
....
....
....
....

Peticiones

Si yo faltara, quisiera que...

De los mensajes que están a continuación, tu ser querido escogió aquellos con los que se sintió identificado y por ello los firmó.

"Si yo faltara, quisiera que...

No te enfades... Mi partida pudo ser algo que anticipábamos o ser repentina. Seguramente teníamos un acuerdo con Dios y yo estaré cerca para ayudarte.

Te amo,

"

....

"Si yo faltara, quisiera que...

Pasaras mi duelo en paz, como me gustaría lograrlo a mí si tú te vas primero.

Sé que sentirás tristeza. Cuando te digo que lo hagas en paz, no significa que no llores, o no te sientas herido, confundido y golpeado por la vida. Eso es parte de todo duelo.

Lo que no quiero es que lo reclames como algo injusto.

Cómo y cuándo regresamos a nuestro verdadero Hogar en el mundo espiritual no lo sabemos ni tú ni yo, pero nuestras almas sí lo saben.

Aunque nos cueste entenderlo, todo tiene una perfección y un sentido. Espero que comprender esto te permita manejar mi partida de una mejor manera.

Te amo,

"

....

"Si yo faltara, quisiera que...

Lo que nos una no sea la tristeza, ni la amargura ni el dolor.

Podemos pensar en que es preferible que nos unan los buenos recuerdos, los días bonitos, los esfuerzos, comprender que somos humanos y a pesar de nuestros errores nos quisimos.

Así podremos hacer cada uno su duelo, yo en el Cielo y tú en la Tierra.

Te amo,

,,

....

"
Si yo faltara, quisiera que...

Podamos reconciliarnos. Si te herí, necesito tu perdón. Si me heriste, yo quiero perdonarte.

Te amo,

,,

....

"
Si yo faltara, quisiera que...

Tengas la certeza de que estaré a tu lado cuando lo necesites, aunque no me veas o me escuches. Me alegrará mucho que me hables y me invites a estar en tu vida, a cuidarte y a cuidar de quienes amas. Confío en que pronto aprenderás a sentir que nuestro vínculo de cariño y amor continúa.

Te amo,

,,

....

Tu ser querido te ha dejado siete legados escritos, entre los muchos regalos que ha preparado para ti. Son los siguientes:

....

....

....

....

....

....

....

PRIMER LEGADO
Enseñanzas y valores

Morir no es otra cosa que cambiar de residencia.
Marco Aurelio

Tu ser querido recibió enseñanzas de sus ancestros; fueron parte de la herencia que ellos le dejaron y esas enseñanzas son a su vez parte del legado que te deja. Ese legado se vio enriquecido con lo que aprendió en la vida y quiere compartir contigo por escrito esa preciosa herencia: las enseñanzas y los valores que probablemente se han trasmitido a lo largo de varias generaciones, más lo que recogió en su camino.

Enseñanzas que recibí:
Por parte de mi padre:

....

....

....

....

....

....

....

....

....

....

....

....

....

Por parte de mi madre:

....
....
....
....
....
....
....
....
....
....
....
....
....
....

Por parte de abuelos y familiares:

....
....
....
....
....
....
....
....
....
....
....
....
....
....

*De las enseñanzas, ejemplos y valores que recibí de mi familia,
considero valioso lo siguiente:*

....

....

....

....

....

....

....

....

....

....

....

....

*De las enseñanzas que recibí, considero que no son oportunas o
actuales para esta época las siguientes:*

....

....

....

....

....

....

....

....

....

....

....

....

La razón de esto es:

....
....
....
....
....
....
....
....
....
....
....
....

Los valores que yo deseo legar, recogidos tanto de lo que aprendí de mis ancestros como de aquello que aprendí durante mi vida, son:

....
....
....
....
....
....
....
....
....
....
....
....

De lo que aprendí en el transcurso de mi vida, estas son algunas de las ideas y aprendizajes que en ese caminar recogí y me gustaría compartirlas con las personas que amo, son mis mensajes especiales:

Mensaje especial para:

....
....
....
....
....
....
....
....
....

Mensaje especial para:

....
....
....
....
....
....
....
....
....

Mensaje especial para:

....
....
....
....
....
....
....
....

SEGUNDO LEGADO
Tesoros y recuerdos

Un bello morir honra toda una vida.
Francesco Petrarca

De mi vida quiero recordar y contarles eventos que la marcaron:

....
....
....
....
....
....
....
....
....
....
....
....
....
....
....
....
....
....
....
....
....
....

Gratitud

La muerte es un desafío. Nos dice que no perdamos el tiempo...
Nos dice que nos digamos ahora que nos amamos.
Leo Buscaglia

Los agradecimientos que tu ser querido deja por escrito no tienen una jerarquía especial; él o ella no querría que alguien se moleste por el orden en que es nombrado. Sencillamente tenía muchas personas a quienes agradecer, algunas en el Cielo, y se le pidió que en lo posible lo hiciera en orden cronológico, pero podía escoger hacerlo como quisieran o manifestarlo en mensajes que dejó en sobres para cada persona o grupo particular.

Quiero agradecer a:

....

....

....

....

....

....

Quiero agradecer a:

....

....

....

....

....

Quiero agradecer a:

....
....
....
....
....

Quiero agradecer a:

....
....
....
....

Quiero agradecer a:

....
....
....
....

Quiero agradecer a:

....
....
....
....

Quiero agradecer a:

....
....
....
....
....

CUARTO LEGADO
Lo material y formal

Solo cuando realmente sabemos y entendemos que tenemos
un tiempo limitado en la Tierra, y que no tenemos manera de
saber cuándo se acaba nuestro tiempo, entonces comenzaremos
a vivir cada día al máximo, como si fuera el único que tenemos.
Elisabeth Kübler-Ross

En esta sección tu ser querido te indica las instrucciones básicas
para que su familia pueda disponer de sus bienes tal como él o ella
lo quieren. Es importante resaltar que puede ser que cuando tu
ser querido escribió esto existieran unas condiciones distintas y
lo que en ese momento escribió ya no sea oportuno o posible en el
momento en que falleció. Te corresponde a ti y a sus familiares y
allegados discernir con amor cuáles de estas voluntades o deseos
se pueden cumplir.

Instrucciones para mi familia acerca de la repartición de mis bienes:

....

....

....

....

....

....

....

....

....

Cuentas de banco, claves, depósitos, acciones, bienes raíces, segu-
ros, inversiones, etcétera, y qué hacer con ellas:

Me gustaría que se distribuyera entre la familia en forma equitativa, se donara, se les regalara a personas específicas o que decidan lo que les parezca conveniente.

Ropa:

....

....

....

....

....

Joyas:

....

....

....

....

....

Obras de arte:

....

....

....

....

....

Mobiliario:

....

....

....

....

....

Tecnología (computador, equipos de sonido, iPad, etcétera):

....

....

....

....

....

Animales:

....

....

....

....

....

Otras instrucciones:

....

....

....

....

....

....

....

....

....

....

Sanación y perdón

Si bien puede parecer un acto bastante simple,
el perdón es un proceso difícil y muy delicado que,
si se ejecuta correctamente, puede ser profundamente
conmovedor y una gran experiencia de aprendizaje.
Robert Enright

Tu ser querido, como todos los humanos, tuvo roces, alguien lo hirió y tal vez a su vez, voluntaria o involuntariamente, hirió a alguien y quiso sanar esas heridas. Como es algo generalmente muy personal, dejó unas cartas dirigidas a algunas personas para facilitar este proceso de sanación, y es probable que antes de su viaje de regreso hubiera procurado lograr esa sanación de vínculos personalmente.

Voluntades finales

La muerte nos sonríe a todos, todo lo que un hombre
puede hacer es devolverle la sonrisa.
Marco Aurelio

¿Cómo podemos conciliar estas dos ideas, la de la tendencia innata a hablar mentalmente con la persona que falleció para procurar comunicarnos nuevamente con ella y el mandato popular de no hablar ni decirles nada para no atarlos a nuestro mundo, para dejarlos ir en paz? ¿Tal vez podemos ayudar a nuestros seres queridos a solucionar ese dilema?

Ciertamente es posible y en su *Legado de amor* tu ser querido quiere ayudarte a solucionarlo. Sencillamente te va a explicar cómo le gustaría que se comuniquen con él.

....
....
....
....
....
....
....
....
....
....

De los mensajes que están a continuación, tu ser querido escogió aquellos con los que se sintió identificado y por ello los firmó.

231

Cuando parta al Cielo me gustaría que me hables tal como me hablabas cuando estaba en la Tierra. Lo puedes hacer en voz alta o mentalmente, o si lo deseas me escribes. Recibiré todos esos mensajes, ya que en el mundo espiritual se escuchan con claridad los mensajes del corazón.

Cuando parta al Cielo no reclames mi muerte ni la forma en que ocurrió. No te reclames no haber podido hacer nada para impedirlo, ni te culpes por no haber pasado más tiempo conmigo o haber hecho algo específico que ahora consideras inadecuado. En lugar de ello, aprendamos a comunicarnos de una nueva forma. Yo te escucho con certeza, tal vez tú no me escuches, pero ambos sabemos que nos comunicamos y que nos reuniremos luego en el Cielo y entonces tendremos muchas cosas para contarnos.

Cuando viaje al Cielo, me gustará que me compartas tu vida. No tienes que sentirte obligado a hacerlo, pero cada vez que pienses en coger el teléfono para una llamada o un mensaje de chat y te acuerdes que no lo puedo recibir en la forma como acostumbrábamos, envíame una llamada mental con tu corazón y si quieres me escribes un pequeño mensaje. Eso nos ayudará a los dos a acostumbrarnos a esta nueva forma en que yo te acompaño y tú me acompañas. Lo mismo cuando vayas a comprarme algo que usualmente me comprabas o pienses en un detalle que me conseguirías si siguiera vivo en la Tierra y recuerdes que ya no estoy en la forma como me veías; no te entristezcas y mejor me envías el amor que sentiste cuando

pensaste en hacer la compra, que es lo que realmente importa en
cada regalo que me dabas y que sigues dándome.

....

Si con el tiempo sientes menos necesidad de hablar conmigo y me
recuerdas menos, no te preocupes ni te culpes; sé que nos queremos
y cada uno sabe cuál es la importancia real del uno para el otro. Es
normal que cuando alguien se ha ido al Cielo, los que quedan en la
Tierra deben ocupar su atención en los oficios de la vida cotidiana.
Que no me pienses tanto o no me hables muy frecuentemente no
significa que no nos queramos, solo que estás dedicado a tus tareas,
tareas que yo espero poder ayudarte a realizar en la medida de mis
posibilidades. Te quiero.

....

Detalles concretos para el ritual de despedida

Tal vez como ser allegado a quien está dirigido este legado, estés
preocupado sobre cómo hacer el funeral y qué le gustaría a tu ser
querido. En este texto él dejó explícito qué le gustaría, pero recuerda que donde está, esto no le preocupa realmente, y que la familia
y amigos pueden escoger lo que les parezca conveniente. Esto es
solo una guía para tomar decisiones concretas en un momento
que a veces es caótico.

Quiero que mis familiares hagan lo que les parezca mejor.
Sí_____ No_____

Quiero que mi cuerpo sea acompañado en una sala de velación, en la funeraria donde mis familiares, amigos y conocidos se reúnan.
Sí____ No____

Deseo tener funeral.
Sí____ No____

Quiero que se celebre un ritual religioso como una liturgia católica, una ceremonia cristiana, en la sinagoga o similar.
Sí____ No____

Tipo de ritual que deseo:
....
....

Me gustaría que esta ceremonia se realizara con mi cuerpo presente ____ o con las cenizas ____.

Me gustaría que envíen flores a la funeraria[3].
Sí____ No____

Me gustaría que quienes lo deseen hagan una donación a una fundación en mi nombre.
Sí__ No__

3   Dentro de algunas creencias orientales, la flor tiene unas bellas vibraciones y rodear el cuerpo físico del fallecido con flores es a la vez un homenaje simbólico de amor, gratitud y admiración, como un elemento que ayuda a equilibrar las vibraciones emocionales de dolor que hay normalmente en el lugar. Esa antigua costumbre, la de poner flores alrededor del cuerpo o en su tumba, tiene unas profundas raíces espirituales.

Nombre de la fundación:

....

....

Quiero que pongan un anuncia de mi funeral en la prensa.
Sí___ No___

Me gustaría que en mi ritual de despedida:

....

....

....

....

....

....

....

Si es posible, prefiero que me cremen___ que me entierren___.

Si mi cuerpo es cremado me gustaría que mis cenizas sean:

....

....

....

....

....

....

....

....

....

....

....

....

Inspiración

He meditado a menudo sobre la muerte y encuentro
que es el menor de todos los males.
Francis Bacon

Unos de los objetivos de la vida son dar y recibir amor, servir, aprender a ser feliz en alguna medida, aprendiendo de errores y aciertos, todo ello para regresar a la Luz que cada uno somos en nuestro origen real. Tu ser querido sacó un tiempo para dedicarlo con amor y silencio a escribir algo al respecto.

....

....

....

....

....

....

....

Cuando viaje al Cielo, te pido que confíes en tu fuerza para vivir tu vida; como ya no estaré en el plano físico, tal vez no pueda hacer las muchas cosas que yo hacía para ti, pero tú podrás hacer muchas cosas para ti mismo y por ti mismo. Eso me hará sentir orgullosa/o de ti y de lo que te enseñé y te compartí. Un beso, te quiero y te seguiré queriendo donde sea que mi espíritu viaje.

....

Peticiones/deseos finales

La muerte solo será triste para los que no hayan pensado en ella.

François Fénelon

....

....

....

....

....

....

....

....

....

....

....

....

....

Un hogar para el final de la vida

Si tengo problemas serios de salud, imposibilidad de cuidarme a mí misma/o o un déficit cognitivo, mi postura respecto a irme a vivir a una casa de adultos mayores es la siguiente:

....

....

....

....

En caso de una enfermedad grave o prolongada me gustaría poder contar con el acompañamiento de:

....

....

....

....

....

Quiero ayuda espiritual:
Sí____ No____

Me gustaría que esa ayuda fuera de: un sacerdote, un rabino, un médico, una persona que me guíe, otro:

....

En caso de que, por una enfermedad o accidente grave pierda la conciencia, y para que se sostengan mis funciones vitales sea necesario que se me suministre ayuda externa como un ventilador, sueros, medicamentos, sonda nasogástrica para alimentarme o alimentación parenteral por más de____ meses, solicito se me desconecte de esas ayudas luego de ese tiempo y pido a mis médicos y a mi familia que permita ya sea mi recuperación espontanea o mi paso al mundo espiritual en forma natural.
Sí____ No____

Si por accidente o enfermedad grave pierdo mi conciencia y mis funciones vitales nutritivas, y debo ser alimentado por sonda o alimentación parenteral, si no hay real esperanza de recuperarme, solicito que luego de____ meses no se me dé alimentación nasogástrica o parenteral y mediante la medicación que el médico considere necesario se me ayude a morir con dignidad.

Sí___ No___

Si es posible donar mis córneas o cualquiera de mis órganos, le pido a mi médico y a mi familia que hagan lo necesario para que esa donación se lleve a cabo.

Sí___ No___

Otras instrucciones al respecto:

....

....

....

....

....

Nombre y firma:

....

Fecha:

....

Anexo

El propósito de este documento es ayudar a las personas a expresar sus criterios y deseos relacionados con el manejo y la atención de su cuidado al final de la vida. Reflexionar, hablar y decidir sobre estos aspectos esenciales contribuye al bienestar de los individuos y sus familias, así como a asumir con mayor serenidad la enfermedad y la muerte.

El texto a continuación fue elaborado por el doctor Saúl Santoyo, médico, quien me autorizó su uso. Se le hicieron pequeños cambios basados en un texto similar aportado gentilmente por el doctor Augusto Galán Sarmiento.

Mi voluntad anticipada

Ciudad _____ *Fecha* _____

NOMBRE _____ iden-
tificado (a) como aparece al pie de mi firma, en uso de mis plenas
facultades mentales, de manera autónoma, libre de coacción, tomando en cuenta mis criterios de calidad de vida consignados en
el documento anexo, debidamente informado y con pleno conocimiento de las consecuencias de mi determinación, expreso mi
voluntad anticipada sobre los tipos de atención médica que autorizo o rechazo ante condiciones médicas en que exista riesgo de
muerte, enfermedad incurable o en el evento de no encontrarme
en capacidad mental para decidir sobre dichas conductas.

1. Lugar de atención en salud

En caso de enfermedad terminal (pronóstico médico de vida res-
tante debidamente sustentado inferior a seis meses)[4], pido permanecer en mi hogar durante el tiempo que preceda a mi muerte
y durante la muerte misma. Autorizo a mi médico tratante y a mi
familiar responsable para dar preferencia a la atención médica

---

4   Definición de enfermo terminal: "Se define como enfermo en fase terminal a todo aquel que es portador de una enfermedad o condición patológica grave, que haya sido diagnosticada en forma precisa por un
médico experto, que demuestre un carácter progresivo e irreversible, con
pronóstico fatal próximo o en plazo relativamente breve que no sea susceptible de un tratamiento curativo y de eficacia comprobada, que permita modificar el pronóstico de muerte próxima; o cuando los recursos
terapéuticos han dejado de ser eficaces". Ley 17 33 de 2014. O ley de cuidados paliativos. También está contenida en la resolución 1216 del 2015.

en mi lugar de residencia y excepcionalmente, y solo de manera transitoria, lo requerido en una institución externa.

Sí aplica____ No aplica____

En caso de enfermedad crónica, autorizo a mi médico tratante y a mi familiar responsable para dar preferencia a la atención médica en mi lugar de residencia y excepcionalmente, y solo de manera transitoria, lo requerido en una institución externa. Igualmente los autorizo para que tomen en cuenta mis criterios de calidad de vida y hagan respetar las voluntades que adelante se especifican.

Sí aplica____ No aplica____

2. En caso de paro cardiopulmonar

Si dicho evento ocurre en mi residencia, considerando que el cese total y definitivo de las funciones cardíaca, respiratoria, o ambas, independientemente de su causa, implica un estado de muerte natural; que la asistencia médica para restaurar la función cardio-cerebro-pulmonar es generalmente tardía en estos casos y no siempre es efectiva y que, cuando lo es, con frecuencia implica secuelas y cargas adicionales, y que las secuelas tienen relación directa con el tiempo de reanimación; y tomando en consideración mis condiciones de salud, mi plan de vida y mi sentido de vida, he decidido que NO autorizo reanimación y dada esa circunstancia, acepto la muerte.

Sí aplica____ No aplica____

En caso de paro cardiorespiratorio estando hospitalizado, mi voluntad es la siguiente (marque a o b):

a. Dada la mayor efectividad y las menores secuelas esperadas, autorizo la reanimación durante un tiempo máximo de _____ minutos en caso de que estas maniobras no se hayan demorado en iniciar más de cinco minutos desde el momento del paro, caso en el cual solicito no ser reanimado.

b. Debido a mi calidad de vida y voluntad no autorizo ser reanimado y acepto la muerte en esas circunstancias _____.

c. En este orden de ideas y ante hechos específicos, si presento un cuadro de paro cardio-respiratorio, no quiero que me realicen maniobras de reanimación o resucitación en caso de que me halle en:

  ii. fase terminal o intratable de un cáncer de cualquier origen,

  iii. insuficiencia cardíaca, estado IV,

  iv. un accidente cerebrovascular severo o masivo de cualquier origen,

  v. un politraumatismo con daño cerebral amplio o severo,

  vi. un estado de coma que se considere irreversible, o

  vii. un cuadro de demencia arterioesclerótica, secundario a Alzheimer o cualquier otro origen.

3. Abstención o retiro de medidas asistenciales de soporte vital

(Especificar qué medida de las siguientes no desea le sea aplicada)

a. En caso de enfermedad terminal, rechazo de antemano toda medida de soporte vital, incluyendo el manejo en unidades de cuidado intensivo. Por tanto, rechazo su implementación y autorizo el retiro en caso de haberse instalado.

Sí aplica____ No aplica____

b. En caso de enfermedad terminal, no acepto las siguientes medidas de soporte vital: la ventilación mecánica asistida ____, el soporte cardiovascular mecánico____ o farmacológico____, la diálisis peritoneal____ o hemodiálisis____, las derivaciones del sistema urinario (nefrostomías)____, intestinal (gastrostomías, enterostomías, colostomías)____ o del líquido cefalorraquídeo____; incluso aquellas cirugías, procedimientos y medicamentos que, en consideración de los médicos, en caso de no llevarse a efecto, podrían implicar mi muerte____.
   Estas medidas solicito solo se me apliquen si tengo razonables posibilidades médicas de llevar una buena calidad de vida con un nivel valioso de autonomía y de conciencia.

c. En caso de enfermedad crónica en fase avanzada, no acepto las siguientes medidas de soporte vital: la ventilación mecánica asistida ____, el soporte cardiovascular mecánico____ o farmacológico____, la diálisis peritoneal____ o hemodiálisis____, las derivaciones del sistema urinario (nefrostomías)____, intestinal (gastrostomías, enterostomías, colostomías)____ o del líquido cefalorraquídeo____; incluso aquellas cirugías, procedimientos y medicamentos que, en consideración de los médicos, en caso de no llevarse a efecto, podrían implicar mi muerte____.
   Estas medidas solicito solo se me apliquen si tengo razonables posibilidades médicas de llevar una buena calidad de vida con un nivel valioso de autonomía y de conciencia.

d. En caso de enfermedad crónica o de proceso agudo en que los médicos recomienden medidas de soporte vital, para efecto de su implementación o retiro autorizo a mi familiar responsable y a mi médico tratante para autorizar o desautorizar dichas medidas en caso de no estar yo en capacidad mental de tomar esa decisión por estar en coma o en estado de inconsciencia u otra incapacidad mental. A ellos les pido que obtengan la más absoluta claridad sobre el pronóstico de mi condición clínica y revisen cada una de las opciones que tenga, inclusive la de no hacer nada. No quiero que me sometan a la tiranía de una falsa esperanza ni se utilicen tecnologías en salud (medicamentos, dispositivos o procedimientos) para los que, por muy novedosas que parezcan, no exista certeza sobre su utilidad, pertinencia, seguridad, efectividad y costo-beneficio.

e. Si dicha condición clínica permite con ese análisis tener el pronóstico con un alto porcentaje de posibilidad que me pueda recuperar a un nivel valioso de autonomía y de conciencia, no tengo por qué oponerme a que se realice lo necesario para tal fin y que los médicos con los adelantos científicos demostrados actúen en consecuencia para recuperar mi salud. Pero si, por el contrario, no hay claridad o existen serias dudas o un porcentaje bajo de posibilidades que la intervención médica me recuperará de la delicada situación en que me encuentre, con calidad de vida, de autonomía y de conciencia, deseo que permitan a la naturaleza obrar sin medidas extremas y sin apelar al denominado soporte vital por medios artificiales.

Sí aplica_____ No aplica_____

4.　Cuidados paliativos y sedación paliativa —procedimientos médicos— en estado crónico, terminal o agónico

Consciente de los riesgos de los cuidados paliativos[5] y de la sedación paliativa[6], he decidido que, en caso de estar en un estado

[5] Debe entenderse por cuidados paliativos la atención de una persona enferma bajo un enfoque integral, que toma en cuenta las diferentes dimensiones del ser humano: biológica, cognitiva, psicológica, social y espiritual. No se limita a los estados terminales, sino que incluye los estados crónicos afectados por enfermedades graves, progresivas e incurables, de alto impacto en la calidad de vida. Este tipo de atención presenta además las siguientes características generales: renuncia a las medidas de soporte vital y a la reanimación cardiopulmonar, así como a los esfuerzos terapéuticos de tipo curativo;

[6] La sedación paliativa hace parte del cuidado paliativo. La sedación paliativa se caracteriza por la administración de medicamentos para disminuir el estado de conciencia o incluso, en lo posible, bloquearla, de dos maneras: 1. de manera transitoria mientras se sobrepasa y trata el evento causal del sufrimiento refractario; o 2. dicha sedación puede ser sostenida en el tiempo, cuando no haya solución para la causa que ha llevado a su implementación. La sedación paliativa conlleva el llamado "doble efecto" (sumatoria de las alteraciones propias de la enfermedad con los efectos de los medicamentos empleados) o efectos colaterales secundarios que implican alta probabilidad de alteración de las funciones cardiacas, cerebrales y respiratorias, que pueden llevar a la muerte. En casos de la llamada sedación paliativa sostenida, durante un lapso que supera a unos pocos días, este riesgo se incrementa en proporción directa con el tiempo y las dosis de medicamentos empleados. La sedación paliativa sostenida es un procedimiento aplicable en enfermos terminales o enfermos crónicos avanzados con alto impacto en su calidad de vida, para el manejo de sufrimiento insoportable, cuando han

terminal[7] o agónico[8] en fase avanzada de enfermedad crónica, progresiva, grave e incurable que no responda al manejo tradicional, autorizo a que me sean dispensados los cuidados paliativos y pido que no se me implementen medidas de soporte vital diferentes a líquidos intravenosos y manejo del dolor.

Sí aplica_____ No aplica_____

También autorizo la sedación paliativa si durante el recibo de los cuidados paliativos se presenta la eventualidad de un estado de sufrimiento refractario al tratamiento, con característica de insoportable, en cuyo caso autorizo que me sean suministrados los

---

fracasado otras medidas de manejo y cuando el enfermo lo autoriza o ha autorizado previamente en documentos de voluntad anticipada. En la literatura médica y bioética se le ha denominado como una forma de muerte digna e incluso eutanasia lenta, según las distintas perspectivas. Es un procedimiento médico no reglamentado legalmente en Colombia y su aplicación requiere el concurso de profesionales competentes en aspectos médicos, legales y bioéticos.

7   Se entiende por sedación terminal o en la agonía a aquel esquema de asistencia médica de carácter humanitario que debe ser aplicado en caso de no recuperabilidad y de encontrarse en estado preagónico o agónico, situación en la que mantener el sufrimiento no tiene sentido alguno. En este caso, se debe aplicar medicamentos que disminuyan el estado de conciencia de manera suficientemente profunda e irreversible, mientras, en un plazo de horas o pocos días, llega la muerte, como resultado de la evolución natural de la enfermedad.

8   Qué debe entenderse por estado preagónico y agónico: aquel tiempo de horas y días que preceden a la muerte, por carencia de respuesta al tratamiento, que se manifiesta por situaciones mixtas y cambiantes de ansiedad, angustia, miedo, depresión, desorientación, desesperación, alucinaciones, agitación o cambios notorios en los signos vitales.

fármacos necesarios para aliviar al máximo mi malestar y sufrimiento psíquico causados por la enfermedad o por falta de fluidos o alimentación, aun en el evento de que los fármacos suministrados puedan acortar mi vida.

Sí aplica   No aplica

De igual manera, autorizo al médico tratante para que, en caso de encontrarme en estado de preagonía o agonía, o en caso de no implementación o retiro de medidas de soporte vital, me administre la sedación terminal, que me permita acceder a una muerte inevitable con el menor grado de sufrimiento posible.

Sí aplica   No aplica

Quiero que tengan claro que ante situaciones médicas dudosas o complejas, sin pronóstico de clara recuperación, prefiero la calidad y la dignidad de vida sobre la cantidad de días, meses o años que se puedan obtener. Reafirmo mi solicitud para que no se mantenga mi vida por medios artificiales o por medidas extremas y autorizo el retiro de este tipo de soporte vital en caso de haberse instalado y cuando mi condición médica se enmarque en la definición de enfermedad terminal o intratable.

5. Muerte digna anticipada en caso de enfermedad terminal con sufrimiento insoportable[9]

En caso de llegar a estar en el futuro en estado terminal, autorizo que un médico me proporcione medicamentos para acceder a la muerte digna de manera rápida, segura y apacible, si las condiciones de mi vida no se compadecen con la dignidad humana, no hay esperanza de recuperarme y me encuentro como "portador de una enfermedad o condición patológica grave, que haya sido

9   Enfermedad terminal: "Se define como enfermo en fase terminal a todo aquel que es portador de una enfermedad o condición patológica grave, que haya sido diagnosticada en forma precisa por un médico experto, que demuestre un carácter progresivo e irreversible, con pronóstico fatal próximo o en plazo relativamente breve, que no sea susceptible de un tratamiento curativo y de eficacia comprobada, que permita modificar el pronóstico de muerte próxima; o cuando los recursos terapéuticos utilizados con fines curativos han dejado de ser eficaces" (Ley 1733 de Cuidados Paliativos, sept. de 2014). Las Sociedades Médicas a nivel internacional y la Resolución 1216/2015 del Ministerio de Salud y el Protocolo anexo consideran que en los enfermos terminales el plazo breve de vida se fija con base en criterios objetivos de tipo médico en términos de seis meses o menos. Sufrimiento insoportable: se refiere a la situación subjetiva del enfermo que se encuentra en mala calidad de vida e indignidad intolerables, debido a condiciones existenciales disfuncionales derivadas de su estado clínico, no obstante, la atención de salud dispensada. En caso que no me sea dable expresar mi voluntad, será mi representante quien decida en qué momento y cuáles condiciones determinan un nivel de sufrimiento que hace preferible y deseable la muerte anticipada a una espera sin sentido.

diagnosticada en forma precisa por un médico experto, que demuestre un carácter progresivo e irreversible, con pronóstico fatal próximo o en plazo relativamente breve que no sea susceptible de un tratamiento curativo y de eficacia comprobada, que permita modificar el pronóstico de muerte próxima; o cuando los recursos terapéuticos han dejado de ser eficaces", según lo contemplado en la Resolución 1216 de 2015 del Ministerio de Salud y Protección Social o de aquellas que la sustituyan o la modifiquen y a la luz de las Sentencias C-239 de 1997 y T-970 de 2014 de la Corte Constitucional colombiana.

6. Designación de médico personal o "de cabecera"

Para efecto de mediación, interlocución y representación de mi voluntad ante mis familiares, juntas médicas e instancias propias de la atención de mi salud, designo al Dr.

....

RM

....

....

....

Nombre y firma de quien suscribe la voluntad anticipada
C.C. No.

....

....

Nombre y firma de quien suscribe la voluntad anticipada
C.C. No.

....

Nombre y firma del segundo testigo de mi voluntad anticipada
CC. No.

....

Nota: los testigos no pueden tener relación familiar ni patrimonial con el enfermo que suscribe sus voluntades anticipadas. Cumplen con un requisito de las voluntades anticipadas según la Resolución 2665/2018 del Ministerio de Salud.

....

Nombre y firma del familiar responsable de la atención de salud del enfermo.
CC. No.

*Nota: el familiar responsable sí puede ser elegido voluntariamente entre los familiares de quien suscribe la voluntad. Idealmente el cónyuge. En el caso de un hijo, es **deseable** que todos o la mayoría de los familiares directos suscriban un documento por separado aceptando dicha designación.*

Agradecimientos

Publicar este libro es aceptar publicar una idea diferente y arriesgada. Es proponer hacer algo que por lo general se evita: mirar la posibilidad de nuestra propia muerte como una realidad que debemos aceptar en el interior del corazón, recibirla como una amiga permanente, como una guía que nos ayudará a tener una vida con sentido, una vida vivida con bondad y voluntad de buen obrar.

Agradezco por ello a mi editora Laura Gómez y al director editorial de Penguin Random House, Gabriel Iriarte, por aceptar publicar este libro que confío pueda ayudar a muchos lectores a enriquecer su mirada sobre la muerte y necesariamente sobre la vida.

Mi gratitud igualmente para mi gran amigo y médico Juan Guillermo Ospina, para Ana Ilonka Pinzón y Ana María Echeverri que se tomaron el trabajo de revisar el texto, corregirlo y enviarme acertados comentarios para mejorarlo.

Agradezco enormemente al lector que compra este libro por su valentía para leer sobre un tema al que la mayoría le teme y espero logre traer luz a muchos aspectos de su vida para que, ya sea desde la Tierra o desde el Cielo, su alma deje también luz como regalo a sus seres queridos.

Bendigo y agradezco a la Divinidad que hay en cada uno de los lectores y le pido que los guíe y acompañe en la lectura de este libro, en la lectura de sus vidas.

Elsa Lucía Arango E.